Hartz IV Der helle Wahnsinn

Autor: Bernd Klumpp

70599 Stuttgart

Copyright by: Bernd Klumpp

2.Auflage September 2008

Herstellung und verlag:

Books on Demand GmbH, Nordstedt

ISBN 978-3-8370-56008-2

Hartz IV
Der helle Wahnsinn!

Viele Menschen sind in Situationen geraten, aus denen sie allein nicht mehr in der Lage sind, eine adäquate Lösung für sich und ihr Leben finden zu können.

Das Schicksal nimmt seinen Lauf und am Ende steht man vor einer Überschuldung, der Insolvenz oder ähnlichem, welches das Leben immer mehr in den Abgrund geraten lässt…

Diesen Menschen möchte ich jedoch eine Hilfestellung bieten…

Mit diesem Buch werde ich das Thema Hartz IV" thematisieren und zum Nachdenken anregen, wie unsere Gesellschaft einen Weg aus der Arbeitslosigkeit findet.

Auf den nächsten Seiten meines Werkes werde ich Ihnen die nötigen Tipps bieten, sowie Gesetze beschreiben, um Ihnen einen besseren Einblick in das gewähren zu können, was Ihnen zusteht und welche Lösungsmöglichkeiten Ihnen zur Verfügung stehen, damit Ihr Leben wirklich wieder eine positive Wendung einschlägt.

Ebenso wird von mir das Thema „Schulden" und „Stiftungen" präzisiert, insbesondere an wen Sie sich richten können, um Hilfe zu bekommen.

Auch möchte ich Ihnen zwei kleine – aus dem Leben gegriffene - Geschichten vorstellen, welche hoffentlich dazu beitragen, sich ein genaues Bild von unserer Gesellschaft machen zu können. Denn was manch einer als „gute Lösung" bezeichnet, kann für jemand anders vielleicht einen wahren Alptraum darstellen.

Dass in der zweiten Geschichte plötzlich Hilfe von ganz anderer Seite auftrat, womit die „gefallene" Person niemals rechnete, zeigt, dass es wirklich noch hilfsbereite Menschen auf der Welt zu geben scheint, denen es gleichgültig ist, welcher Religion oder Staatsangehörigkeit man zugehört. Sie sind einfach da, wenn man sie braucht…

Falls Sie selbst in der Hartz IV- Situation leben, so lassen Sie sich gesagt sein, dass Sie auch immer mit der richtigen Hilfe aus einer solchen Misere heraus kommen können.

Sind Sie ein einfach nur ein Interessierter, welcher schauen möchte, was es genau mit Hartz IV auf sich hat, so lade ich Sie selbstverständlich gern ein, meine Worte weiter zu verfolgen, denn wie demütigend dieses Hartz IV Paket in Wahrheit ist, dass kann man eben nur wissen, wenn man es mal bezog.

Was heißt Hartz IV?

Das **Hartz-Konzept** ist eine Bezeichnung für Vorschläge der **Kommission „Moderne Dienstleistungen am Arbeitsmarkt"**, die unter der Leitung von Peter Hartz tagte und im August 2002 ihren Bericht vorlegte. Die Kommission wurde von der Bundesregierung unter Gerhard Schröder eingesetzt. Sie sollte Vorschläge dazu unterbreiten, wie die Arbeitsmarktpolitik in Deutschland effizienter gestaltet und die staatliche Arbeitsvermittlung reformiert werden könne. Anlass dafür war unter anderem das Bekanntwerden von geschönten Statistiken der Bundesanstalt für Arbeit über deren Vermittlungserfolge und über den Umfang des Verwaltungspersonals (etwa 85.000) im Verhältnis zur Zahl der Vermittler (etwa 15.000).

Erklärtes Ziel des Hartz-Konzeptes war es, innerhalb von vier Jahren die Arbeitslosenzahl von damals (vier Millionen) zu halbieren. Dieses Ziel konnte allerdings nicht annähernd erreicht werden.

In den Medien wurde das Konzept auch als *Hartz-Paket* bezeichnet, da es ein Bündel von verschiedenen Maßnahmen enthält. Zur besseren Umsetzung im Gesetzgebungsverfahren wurden die Maßnahmen aufgeteilt in einzelne *Gesetze zur Reform des Arbeitsmarktes* mit den Kurzbezeichnungen *Hartz I*, *Hartz II*, *Hartz III* und *Hartz IV*; die einzelnen Gesetze traten schrittweise zwischen 2003 und 2005 in Kraft.

Alle Gesetzesregelungen werden im SGB II (Sozialgesetzbuch) geregelt. Schon nach einer Arbeitslosenzeit von 6 bis 18 Monaten, je nach Alter, wird man vom Arbeitslosengeld I in das Arbeitslosengeld II (Hartz IV) abgestuft. Dies bedeutet für viele Menschen große finanzielle Einbußen. Nun aber beginnt der helle Wahnsinn in Hartz IV erst.

Ein durchschnittlicher Hartz IV-Empfänger erhält zwischen 650,- und 750,- EUR monatlich zum Leben. Davon muss er die Wohnungskosten und seinen gesamten Lebensunterhalt bestreiten. In den Medien wird oft gesagt, dass der Hartz IV-Empfänger die komplette Wohnung, sowie noch zusätzliches Geld zum Leben bezahlt bekommt, dies entspricht allerdings nicht ganz den Gegebenheiten. Die Kosten der Miete werden nur dann komplett bezahlt, wenn sie angemessen sind, und dann auch nur die der Warmmiete.

Diverse Nebenkosten werden finden hierbei keinerlei Berücksichtigung. Es kann demzufolge also der Fall sein, dass der Hartz IV-Empfänger 30,- EUR der Kaltmiete selbst übernehmen muss, da die Wohnungskosten nicht als angemessen gelten. Ein Umzug in eine günstigere Wohnung, welche monatlich z.B. 30,- EUR günstiger wäre, kann nicht zugemutet werden, weil die

Umzugskosten auch viel zu hoch wären. Des Weiteren muss der Hilfebedürftige auch weitere Kosten, wie zum Beispiel für Hausmeisterservice, Hausversicherungen, Grundsteuer und ggf. vorhandenen Parkplatz selbst bezahlen.

Diese Kosten muss er in der Regel von der Regelleistung bezahlen, wobei die Regelleistung für einen Hilfebedürftigen monatlich 351,- EUR beträgt. Davon hat er nun jedoch die Restkosten der Wohnung zu zahlen, wie z.B. Strom, Müllabfuhrgebühren, Kabelanschluss, Warm- und Kaltwasser, private Versicherungen, sowie Neuanschaffungen von Hausrat. Was dann noch übrig bleibt, hat er zum Leben.

Was gehört zum Lebensunterhalt?

Der Friseurbesuch, Kosmetikartikel, Reinigungsmittel für die Wohnung, Arztbesuche, Telefon, öffentliche Verkehrsmittel und Zeitung/Zeitschriften. Ach ja, wir haben noch die Lebensmittel vergessen - ohne die kann man wohl nicht leben. Oh! Und Genussmittel, wie z.B. Kaffee, Zigaretten, Bier/Wein usw. haben wir auch noch nicht in der Aufzählung. Diese werden jedoch leider nicht mehr finanzierbar sein. Noch weniger wird es für Besuche von kulturellen oder sportlichen Veranstaltungen reichen, welche sich sicherlich als sinnvoll erachten lassen, wenn es um die Förderung von Gesundheit oder der Bildung geht.

Die Berliner Finanzbehörde hat im Übrigen ausgerechnet, dass ein Betrag von 3,76 EUR für eine gesunde, wertstoffreiche und auch vollständige Ernährung eines Erwachsenen am Tag ausreicht.

Da stellt sich mir allerdings die Frage, wer sich von 3,76 EUR längerfristig gesund ernähren kann?!

Wie man hier feststellt, sieht die Realität anders aus als manche Medien es darstellen, denn jeder von uns kann in der heutigen Zeit durch plötzliche Arbeitslosigkeit schnell in eine Hartz IV- Situation geraten...

Eines haben wir allerdings bei der Berechnung auch noch vergessen: wer von uns hat keinen Dispo- oder Ratenkredit aufgenommen, für welchen er noch bezahlt? Wenn es gut läuft, lässt uns die Bank den Ratenkredit zum Glück stunden. Das heißt in dem Fall, dass man nur für die Zinsen aufkommen muss - die Hauptforderung selbst wird für bestimmte Zeit aufgeschoben. Trotz allem kommen dabei noch schnell monatlich weitere 50,- bis 100,- EUR an Zinslasten auf einen zu.

Wehe, jetzt nun geben z.B die Waschmaschine oder der Fernseher den Geist auf...Dann schreitet der Wahnsinn nämlich direkt weiter voran. Die Bank wird sich jedoch hüten, einen weiteren Kredit zu gewähren und so bleibt einem nur der Weg zur ARGE/Jobcenter oder auch zum Landratsamt, um dort ein Darlehen zu beantragen. Dieses wird schließlich in monatlichen Raten abbezahlt bzw. die Beträge von den Leistungen werden einbehalten.

Und schon steht einem monatlich noch weniger Geld zur Verfügung.

Nun kommt die Jahresabrechnung der Heizkosten und des Stroms und mit denen auch der Pleitegeier... denn, die gesamten Nachzahlungen muss der Hilfebedürftige eben selbst bezahlen. Er kann zwar dafür ein Darlehen vom Amt bekommen, dieses muss er aber auch in Raten zurückbezahlen.

Wer jetzt noch behauptet, dass Hartz IV-Empfänger gut leben können, hat die ganze Sache nicht verstanden. Aber der Absturz geht noch weiter. Mit so wenig finanziellen Mitteln kann man nämlich - gleichgültig, wie sehr man spart - nicht leben!

Der Wahnsinn nimmt also weiter seinen Lauf und der nächste schlimme Schritt ist vermutlich der in die Schuldenfalle.

Es wird z.B. beim Versandhandel bestellt oder auch Telefon-/Handyrechnungen können nicht mehr bezahlt werden etc. Es handelt sich hierbei jedoch nicht um Luxusgüter, sondern lediglich um Verbrauchsgüter des täglichen Lebens. Ruck-Zuck ist man so dann jedoch verschuldet.

Es folgen Pfändungen, Abgabe der eidesstattlichen Versicherung (früher: Offenbarungseid), bis hin zur Kündigung des Girokontos. Wenn man jetzt Pech hat, wird man von seinen Gläubigern auf Verdacht des Betruges sogar strafrechtlich angezeigt, denn im Strafrecht heißt es:

Wer Schulden macht und vorher weiß, dass er diese nicht zurückbezahlen kann, begeht die Straftat des Betruges.

Bei einem Hartz IV-Empfänger, welchem monatlich nur so wenig zur Verfügung steht, kann man strafrechtlich schon davon ausgehen.

Und, wenn man schon vom Pech verfolgt ist, kann man durch die Verkettung dieser Ereignisse auch noch eine Bewährungsstrafe bekommen, welches ebenfalls im Polizeilichen Führungszeugnis erwähnt wird und schon hat man einen Eintrag als "Betrüger".

Nun die Frage: Welcher Arbeitgeber stellt einen Arbeitnehmer ein, der des Betruges vorbestraft ist und bei welchem laufend Pfändungsaufforderungen kommen?!

Diese Darstellung ist bei vielen Langzeitarbeitslosen ein Werdegang, der tatsächlich beschritten wird. Und daher wäre es vielleicht eine Überlegung wert, ob es einen Vorteil für die Betroffenen mit sich bringen würde, wenn die Regelsätze bzw. die monatlichen Leistungen deutlich angehoben würden.

So oft wird einem Hartz IV-Empfänger Verschwendungssucht vorgeworfen, obwohl sie doch diejenigen sind, die mit dem Wenigsten auskommen.

Wir könnten die Regelleistungen z. B. auf die jetzigen Pfändungsgrenzen von Einkommen erhöhen. Das heißt, ein erwachsener Hartz IV-Empfänger würde dann einen Pauschalbetrag von ca. 980,- Euro monatlich erhalten. Diese kleine Zusatzzahlung würde für alle jedenfalls eine enorme Erleichterung darstellen.

Diesen Vorschlag könnten wir dann als so genanntes „Grundeinkommen für alle" bezeichnen, denn der Name „Hartz IV" ist in der Öffentlichkeit eher ein Begriff, welcher nicht besonders gut angesehen wird. Klar sollte an dieser Stelle auch eine Hilfebedürftigkeitsprüfung stattfinden. Wir sollten jedoch nicht immer versuchen, den Menschen unseren Willen aufzuzwingen.

Mit einem Grundeinkommen jedoch kann jeder genau die Wohnung nehmen, die er gerne möchte und zwar ohne eine Bevormundung durch das Amt. Eine Wohnung nach den eigenen Wünschen stellt schließlich einen Ort der Erholung dar.

Durch den Wegfall der vielen Prüfungen und Bevormundungen würde somit Personal der Bundesagentur für Arbeit freigesetzt. Dieses Personal könnte dann für die direkte Vermittlung von Hartz IV-Empfängern eingesetzt werden, damit sie schnell wieder einen Job finden.

Dieses sollte doch im Sinne der Gesellschaft sein?!

Auch wäre es ein Vorteil, die Bildungsmaßnahmen im Bereich der Weiterbildung bei SGB II-Empfängern auszuweiten und die Schuldnerberatung sollte fester Bestandteil der Jobagenturen werden, denn die Arbeitgeber möchten in der Regel keine überschuldeten Arbeitnehmer einstellen. Wer mehr Geld monatlich zur Verfügung hat, hat auch einen freien Kopf und findet sicherlich schneller wieder eine Arbeitstelle bzw. Weiterbildungsmaßnahmen, welche der eigenen Person entsprechen.

Wo kann man noch Kosten bei SGB II sparen?

Könnte es vielleicht ein Fehler des Systems sein, dass die so genannten SGB II-Selbständigen jahrelang SGB II-Leistungen zu ihrer Selbständigkeit erhalten? Denn es findet bei dieser Gruppe der Selbständigen ein Armrechnen statt. Das heißt, es wird monatlich so viel abgesetzt, dass man immer noch SGB II-Leistungen erhalten und trotzdem ein schönes Leben führen kann.

In der Regel kann dieser Personenkreis zwischen 80% und 100% vom Umsatz absetzen. Dies betrifft vor allem Kfz-Kosten, Telefonkosten, Wohnraum/Büroraum, Schreibmaterialien, Internetzugang, Stromkosten und Kosten für die Weiterbildung. Nachdem diese Kosten alle abgezogen wurden, erhalten diese Personen allerdings immer noch SGB II-Leistungen.

Manche Selbständige achten selbstverständlich auch darauf, dass sie dann bloß nicht zu viel arbeiten, denn sonst verlieren sie ihr Zusatzgeld an SGB II-Leistungen.

Es werden Millionen und Abermillionen Euro unnötig verschwendet. Sicherlich wäre es für eine Gesellschaft sinnvoller, dieses Geld lieber für die Erhöhung des Regelsatzes zu verwenden?

Die so genannten „Aufstocker" (das sind Hartz IV-Empfänger, welche aus Hartz IV eine Arbeit gefunden haben) können in manchen Fällen mehr Geld erhalten, als ein Kleinverdiener ohne Hartz IV. Da der Kleinverdiener über dem Hartz IV-Satz liegt (z.B. mit 100,-Euro), hat er keinen Anspruch auf SGB II-Leistungen.

Kommt jetzt aber ein Hartz IV-Empfänger mit Leistungen und nimmt eine Teilzeittätigkeit an, so kann es sein, dass er für die gleiche Tätigkeit und den gleichen Stundenlohn wie der Kleinverdiener bis zu 300,- Euro monatlich mehr in der Tasche hat.

Dies rührt daher, dass der SGB II-Empfänger Kosten für Fahrt, Kleider und private Versicherungen vom Einkommen absetzten kann. Das heißt eigentlich, der Staat bezahlt dem SGB II-Empfänger diese Ausgaben von sich. Dann darf der SGB II-Empfänger noch zusätzlich nichtanrechenbares Einkommen zu SGB II verdienen. Und so entsteht die Ungerechtigkeit zum Kleinverdiener. Dies gehört aus Gerechtigkeitsgründen abgeschafft.

Würde man alle Sonderregelungen und Schlupflöcher im SGB II abschaffen, so wäre demzufolge eine Regelsatzerhöhung inkl. Wohnungskosten auf 980,- Euro für einen erwerbsfähigen Hartz IV-Empfänger möglich.

Für alle Hartz IV-Empfänger fällt mir nur folgender Spruch ein: Hinfallen ist keine Schande, liegen bleiben schon... Es gibt unzählige Möglichkeiten, wieder auf die Beine zu kommen und sicherlich finden sich auch genügend Menschen, welche einem dabei direkt behilflich sind.

Aus diesem Grund gibt es nur eins: Nicht den Kopf hängen lassen, sondern richtig handeln!

- Was Sie tun sollten:

4 Zuerst ist es wichtig, sich einen Überblick über all seine Finanzen zu machen, um diese in Ordnung bringen zu können.

5 Das heißt, bei finanziellen Problemen empfiehlt sich ein Gang zur Schuldnerberatung, um sich dort beraten lassen und ggf. ein Privatinsolvenzverfahren anzustreben

6 sich bei der Bundesagentur für Arbeit zu informieren, welche Weiterbildungsmöglichkeit vom Amtswegen es gibt

7 bei finanziellen Engpässen im Bereich Hausratanschaffung sollte versucht werden, über Stiftungen Gelder dafür zu bekommen, da diese Gelder meistens als Beihilfe und nicht als Darlehen gewährt werden.

Auch bei Zeitarbeitsfirmen bekommt man heutzutage im Normalfall tarifliche Löhne und wirklich: fast jede Arbeit ist besser als Hartz IV-Leistungen zu beziehen und in der Öffentlichkeit als „fauler Hund" dar zustehen, denn in unserer Gesellschaft kursiert schließlich dieses Gerücht.

Dieses Buch wird das Thema Hartz IV" thematisieren und zum Nachdenken anregen, ob wir - als Gesellschaft - nicht etwas ändern möchten. Auf den nächsten Seiten des Buches werden Ihnen jedenfalls Tipps, sowie Gesetze beschrieben, um Ihnen einen besseren Einblick in das geben zu können, wie es in unserer Gesellschaft aussieht. Ebenso wird das Thema „Schulden" und „Stiftungen" präzisiert und an wen Sie sich richten können, damit Ihr Leben wieder eine positive Wendung nimmt.

Kurze Geschichten aus dem Leben gegriffen!

Geschichte Nr.: 1

Eine Optionskommune (Landratsamt) irgendwo in Deutschland...

Eine Familie bestehend aus einem erwerbsfähigen Mann und seiner pflegebedürftigen und im Rollstuhl sitzenden Ehefrau, mit Behindertenhund.

Die besagte Familie wird wegen Arbeitslosigkeit des Ehemannes und diverser weiterer unglücklicher Umstände obdachlos. Weil sie nicht direkt auf die Straße wollten, wohnten sie in verschiedenen möblierten Wohnungen-auf-Zeit.

Eine solche Wohnung kostet monatlich 980,-Euro inkl. aller Nebenkosten und ist behindertengerecht. Beim Ehemann läuft allerdings das Arbeitslosengeld I aus. Daher beantragt die Familie bei dem zuständigen Landratsamt SGB II-Leistungen mit der Bitte, die Kosten für die möblierte Wohnung-auf-Zeit zu übernehmen, bis sie eine behindertengerechte Wohnung gefunden haben. Beim persönlichen

Termin mit der Fallmanagerin teilte die Familie mit, dass sie für 580,- Euro eine Wohnung, welche behindertengerecht ist, gefunden hat. Dies wurde jedoch von der Fallmanagerin abgelehnt, da die Wohnung "unangemessen" und "zu teuer" sei. Der Preis sei 120,- Euro zu hoch, so hieß es. Die Familie bat dann wenigstens für 2-3 Monate die Kosten der Wohnung-auf-Zeit zu übernehmen. Daraufhin teilte die "freundliche Mitarbeiterin" vom Amt mit, dass auch diese Wohnung für 2-3 Monate zu teuer wäre.

Die "freundliche Mitarbeiterin" betriet sich schließlich mit ihrem Chef, was zu tun wäre. Daraufhin bekam die Familie folgendes Angebot: so lange keine angemessene Wohnung gefunden wäre, solle der erwerbsfähige Ehemann doch ins Obdachlosenheim ziehen, die pflegebedürftige Ehefrau könne ja ins Pflegeheim gebracht werden und der Behindertenhund ins Tierheim.

Dies wäre doch eine "gute Lösung für alle". Eine Familie auseinander zu reißen nennt man "eine gute Lösung". Wie sieht dann erst die schlechte Lösung aus?

Ein Obdachlosenheim, sowie die Betreuung des Hundes im Tierheim kosten auch Geld. Allein ein Pflegeheim kostet monatlich ca. 1.700,- Euro. Diese Lösung wäre viel teurer gewesen als eine Wohnung-auf-Zeit. Das Landratsamt hat sich sicherlich einfach nur geirrt als es vorher meinte, die vorgeschlagene Lösung sei gut – denn sie ist alles andere als das.

Der Autor merkt hier an: ich dachte immer, dass die Familie im Grundgesetz geschützt sei?!

Also ist die besagte Familie in der Wohnung-auf-Zeit geblieben und hat weitere Schulden gemacht, um nicht auseinander gerissen zu werden. Diese Schulden hatten allerdings zur Folge, dass die Familie deswegen auf Verdacht des Betruges angezeigt wurde.

Dieser Fall ging dann im Laufe der Zeit vor das Sozialgericht. Rechtlich gesehen, so durfte das Landratsamt die Bezahlung ablehnen. Die Familie hat sich im Anschluss auch beim Landrat, welcher zuständig für das besagte Landratsamt ist, beschwert.

Dieser Landrat ist zugleich übrigens auch Sozialpolitiker. Er meinte nur trocken, "die Lösung, die Familie auseinander zu reißen bis eine adäquate Wohnung gefunden wäre, wäre doch eine gute Lösung gewesen".

Durch die Obdachlosigkeit hat die Familie auch alle ihre Möbel verloren. Bei der Beantragung von Erstausstattung von Möbeln wurde dies unverständlicherweise dann aber vom Landratsamt abgelehnt. Man würde die Möbel bekommen, aber dies nur auf Darlehensbasis.

Zwei Monate später hat die Familie dann eine nichtbehindertengerechte Wohnung im zweiten Stock ohne Aufzug gefunden. Der Ehemann musste dann seine pflegebedürftige Frau täglich zum zweiten Stock hoch- und runter tragen.

Diese Situation war der Familie trotzdem lieber, als auseinander gerissen zu werden. Um Kosten zu sparen, wurde die pflegebedürftige Frau als "arbeitsfähig" eingestuft. Nach etwa weiteren drei Monaten aber musste der Ehemann eine neue Wohnung suchen, weil er aus gesundheitlichen Gründen seine Ehefrau nicht mehr in den zweiten Stock tragen konnte.

Der Autor merkt hier wieder an: Es wird nachempfunden werden können, dass jemanden, der täglich seine Frau in zweiten Stock tragen muss, früher oder später starke Rückenprobleme bekommt?

Dies ist eine wahre recherchierte Geschichte, die in Deutschland passierte.

Geschichte Nr.: 2

Ein Hartz IV-Empfänger freute sich darauf, dass er am nächsten ersten des Monats eine neue Arbeitsstelle antreten darf.

Da er als äußerst pflichtbewusst gilt, meldet er dies seiner ARGE.

Nun arbeitete er schon seit sechs Wochen bei seinem neuen Arbeitgeber, doch leider konnte der Arbeitgeber ihn nicht für seine Leistung bezahlen, denn dieser ging bereits nach kurzer Zeit Pleite.

Der Hartz IV-Empfänger meldete dies selbstverständlich sofort der ARGE (Bundesagentur für Arbeit), dass er keinen Lohn bekommen hat. Er bat um Hilfe, um seine Wohnung bezahlen zu können und Geld für das Leben zu haben.

Die freundliche Mitarbeiterin der ARGE sagte ihm jedoch, sie müsse zuerst überprüfen, ob er Geld von Ihrem Ex-Arbeitgeber bekommen habe. Mit anderen Worten, der Hartz IV – Emfänger wurde erstmal vertröstet. Man machte ihm aber den Vorschlag, er könne zur Suppenküche oder zum Pfarramt gehen, vielleicht würde er dort etwas bekommen. Verzweifelt und niedergeschlagen, geht er tatsächlich zum Pfarramt der katholischen Kirche. Dort wurde er dumm angeguckt und er solle zur Caritas gehen. Da die Caritas 20 km von seinem Wohnort entfernt war, meinte die Dame vom Pfarramt „als Arbeitsloser hätte er ja genug Zeit, um dort hinzulaufen".

Der Hartz IV-Empfänger ist dann mit der Bahn dorthin schwarzgefahren. Bei der Caritas erklärte er seine Lage. Die glaubten ihm nicht, dass er kein Geld von der ARGE bekommen hätte, aber „sozialhalber" gaben sie ihm einen Gutschein in Höhe von sage und schreibe unglaublichen 5,- Euro für Lebensmittel für den Tafelladen. Na ja, mit 5,- Euro zwei Wochen überleben?! Das wird etwas schwierig sein...

Da er auch hier kein Geld bekam, musste er die Rückfahrt auch schwarzfahren,

Bei der Rückfahrt kam er mit einem türkischen

Moslem ins Gespräch. Die beiden unterhielten sich über ihre alltäglichen Probleme und der türkische Moslem bat ihm schließlich seine Hilfe an; er solle mit ihm zu seiner Gemeinde kommen.

Misstrauisch ging der Hartz IV-Empfänger mit zur Gemeinde und erzählte dort seine Geschichte mit der ARGE. Die Mitglieder der Gemeinde reagierten sofort und halfen ihm sowohl finanziell als auch mit Lebensmittel für die nächsten zwei Wochen aus, bis er sein Geld von der ARGE bekommen hatte.

Geschichte Nr.: 3

Mit einem Hartz IV-Empfänger wurde in seiner Eingliederungsvereinbarung ausgemacht, dass er fünf Bewerbungen pro Monat schreiben muss. Dies machte er monatelang korrekt. Da er sich auch dazu entschied, zusätzlich mündliche Bewerbungen zu tätigen, lieferte er in einem Monat nur drei schriftliche Bewerbungen ab.

Daraufhin bekam der Hartz IV-Empfänger allerdings eine dreimonatige Sperre. Ihm wurden also tatsächlich monatlich 30% seines Regelsatzes gekürzt und das nur, weil er zwei schriftliche Bewerbungen zu wenig hatte.

Er ging vor das Sozialgericht, da er mindestens fünf mündliche Bewerbungen abgab. Das Sozialgericht gab ihm nach einer sechsmonatigen Klage schließlich Recht.

Geschichte Nr.: 4

Ein Obdachloser wollte endlich von der Straße in ein geregeltes Leben finden. Er ging zu seiner Optionskommune/Landratsamt und wollte dort SGB II-Leistungen beantragen. Sie fragten ihn, wo er zurzeit wohne. Da er obdachlos ist, sagte er in seinem Leichtsinn „heute hier, morgen da" und sicherlich entsprach dies auch der Wahrheit, denn hätte er einen festen Wohnsitz, so wäre er kaum obdachlos.

Daraufhin wurde ihm erklärt, er würde nur dort Leistungen bekommen, wo er sich dauerhaft aufhalten würde bzw. wo er wohnt" und schickten ihn wieder weg.

Als hilfreich konnte diese Auskunft wohl kaum angesehen werden, wenn es darum geht, sich ein besseres Leben aufbauen zu wollen.

Nach weiteren Diskussionen des Hilfebedürftigen und einem Sozialarbeiter wurde dem Obdachlosen allerdings seitens des Landratsamtes endlich geholfen.

An den hier dargestellten Geschichten sieht man nun, wie wir Menschen in Deutschland mit unseren Mitbürger umgehen, wobei ich hoffe, dass die Menschlichkeit selbst an einigen Stellen hoffentlich wieder zurückkehrt.

Ist es vielleicht wirklich Zeit, dass wir umdenken?

Deutschland selbst hat so viele Herausforderungen zu bewältigen, es ist doch sicherlich ratsam, hier erst einmal alles ins Reine zu bringen, bevor man in anderen Ländern Hilfestellung leistet? Wie kann ein Land, welches selbst große Probleme hat, einem anderen Land überhaupt helfen?

Wir alle können doch wirklich ein Stück zu einer besseren Welt beitragen.

SGB II Aktuell 2008

Erstausstattung und unabweisbarer Bedarf für Erstausstattungsbedarf

Es besteht ein Anspruch auf eine einmalige Erstausstattung, dieser ist nicht von der Regelleistung umfasst und beinhaltet:

Erstausstattungen für die Wohnung einschließlich Haushaltsgeräten (§ 23 Abs. 3 Nr.1 SGB II)

Erstausstattung für Bekleidung und Erstausstattung bei Schwangerschaft und Geburt (§ 23 Abs. 3 Nr. 2 SGB II)

Leistungen für mehrtägige Klassenfahrten im Rahmen der schulrechtlichen

Bestimmungen (§ 23 Abs. 3 Nr.3 SGB II).

Weitere Beispiele für Erstausstattungsbedarfe:

nach **Wohnungslosigkeit** aufgrund **"außergewöhnlicher Umstände"** (BT-Dr. 15/1514, 60)

erstmalige Anschaffung einer Waschmaschine in einer ansonsten eingerichteten Wohnung (SG Gelsenkirchen v. 18.7.05 – S 11 AS 75/05 ER) wenn **wegen Umzugs andere Geräte** notwendig sind (Elektro- statt Gasherd) (SG Braunschweig v. 7.3.05 – S 18 AS 65/05 ER) oder **andere Hausratsgegenstände**

Bekleidung bei Gewichtszu- oder –abnahme, nach **Wohnungslosigkeit oder Haftentlassung** (LPK SGB II, 2. Aufl., § 23 Rz 33)

Erstausstattungsbedarfe sind immer als Beihilfe zu zahlen. Die Darlehensregelung des § 23 Abs. 1 SGB II gilt nicht für Erstausstattungsbedarfe (SG Oldenburg v. 12.01.06 - S 47 AS 1027/05 ER).

Zitat Sozialministerium

Zunächst möchte ich darauf hinweisen, dass gemäß § 22 Sozialgesetzbuch II (SGB) für den Bezug einer Wohnung die Zusicherung des für die Leistungserbringung örtlich zuständigen kommunalen Trägers zu den Aufwendungen (angemessene Größe der Wohnung sowie angemessene Unterkunftskosten) einzuholen ist.

Nach § 23 Absatz 3 SGB II sind Leistungen für Erstausstattungen für die Wohnung einschließlich Haushaltsgeräten nicht von der Regelleistung erfasst. Sie werden gesondert als Beihilfe erbracht, also nicht als Darlehen. Diese Sonderleistungen können als Sachleistung oder Geldleistung, auch in Form von Pauschalbeträgen, erbracht werden. Bei der Festlegung der Pauschalbeträge sind geeignete Angaben über die erforderlichen Aufwendungen und nachvollziehbare Erfahrungswerte zu berücksichtigen. Zuständig für die Festlegung und Erbringung dieser Leistungen sind gemäß § 6 Absatz 1 die kreisfreien Städte und Kreise, soweit nach Landesrecht nicht andere Träger bestimmt sind (kommunale Träger wie z.B. eine ARGE oder ein Jobcenter).

Zitat Sozialministerium

Sollte der Leistungsträger aber z.B. zum Ergebnis gelangen, dass es nicht um eine Erstausstattung geht, weil ein wesentlicher Teil der Ausstattung bereits vorhanden war und nur Teile ersetzt werden müssen, so handelt es sich um einen Ergänzungsbedarf. Dieser Bedarf ist mit der Regelleistung abgegolten und vom Leistungsträger allenfalls auf Darlehensbasis finanzierbar.

Zitat Sozialministerium

Damit wollte ich Ihnen verdeutlichen, dass es selbst bei Obdachlosen Fallkonstellationen geben kann, die nicht von § 23 Abs. 3 SGB II erfasst sind, z.B. wenn Möbel noch eingelagert oder im neuen Haushalt vorhanden sind.

„Leistungen für Unterkunft und Heizung werden in Höhe der tatsächlichen Aufwendungen erbracht, soweit diese angemessen sind"

Was sind „Leistungen für Unterkunft"?

Im Kern: **alle laufenden und einmaligen Leistungen für die Unterkunft**, welche anlässlich der Nutzung/Überlassung einer Unterkunft Dritten gegenüber aufzubringen sind

(LPK SGB II, 2. Aufl. Rz 14 zu 22).

Das können sein:

Leistungen für eine Mietwohnung

Kosten für Eigentum

Hotel- oder Pensionskosten (nach Brand- oder Zwangsräumungsfall)

(LPK-SGB II, § 22 RZ 12)

Kosten für ein möbliertes Zimmer

Kosten und Gebühren für Not- oder Obdachlosenunterkünfte (LPK-SGB II, § 22 RZ 12)

. Kosten für die Beschaffung eines Wohnwagens und Stellplatzkosten

(Eicher/Spellbrink SGB II, § 22 Rz 20; LPK-SGB II, § 22 RZ 12)

oder Miet- und Pachtkosten für einen Schrebergarten, soweit dieser zum Wohnen genutzt wird (KdU-Richtlinie Krefeld). Voraussetzung für die Berücksichtigung ist: dass die Unterkunft tatsächlich genutzt wird (LPK-SGB II, § 22 RZ 14)

. Ein Schlafsack oder Zelt ist keine Unterkunft (VGH BW v. 16.12.94 – 6 S 1323/93)

Leistungen für Unterkunft bei Mietwohnungen

Im Kern: alle laufenden und einmaligen Leistungen für die Unterkunft, welche anlässlich der Nutzung/Überlassung einer Unterkunft Dritten gegenüber aufzubringen sind (LPK SGB II, 2. Aufl. Rz 14 zu 22).

Unter „tatsächliche Kosten" sind laufende und einmalige Kosten zu verstehen (BSG vom 16.05.07 – B 7b AS 40/06 R zu Heizkosten).

Als »Leistungen für Unterkunft« sind zu übernehmen:

tatsächliche und angemessene Miete (§ 22 Abs. 1 S. 1 SGB II)

alle mietvertraglich geschuldeten Betriebskosten [entsprechend § 566 Abs 1 BGB iVm der Betriebskostenverordnung vom 25. November 2003, BGBl I S 2346] (LSG Berlin vom 09.05.2006 L 10 AS 102/06)

Betriebskostennachforderungen des Vermieters (LPK-SGB II, § 22 RZ 20) auch wenn diese aus Zeiten des Nichthilfebezuges kommen, aber im Hilfebezug fällig werden (LSG Bayern vom 30.5.07 L 7 B 59/07 AS PKH)

Schönheitsreparaturen und sonstige Instandhaltungsaufwendungen (LSH NB v. 11.9.06 – L 9 AS 409/06 ER; SG Duisburg vom 22.01.2007 - S 35 AS 15/06; SG Reutlingen vom 15.09.2005 - S 3 SO 2047/05; LSG Baden-Württemberg vom 23.11.2006 - L 7 SO 4415/05; SG Hamburg vom 31.07.2006 – 53 SO 31/06 und LPK SGB II, 2. Aufl. § 22 Rz 20 m.w.N.; für SGB XII: SG Düsseldorf vom 19.9.07 - S 45 (24) SO 62/06).

Einzugs- und Auszugsrenovierung, soweit vertraglich vorgeschrieben und rechtlich zulässig (LSG NB vom 11.9.06 – L 9 AS 409/06 ER und v. 10.1.07 – L 13A S 16/06 ER; (LPK SGB II, 2. Aufl., § 22 Rz 14).

Vertraglich vorgeschriebene Wartungskosten für Heizungen (SG Augsburg vom 06.08.2007 –S 9 AS 271/07).

ebenso dürften Reparaturen und Instandhaltungskosten bei zum Eigentum des Mieters gehörenden Einbauten (wie Badewanne, Heizung, Durchlauferhitzer o.ä.) als einmalige Leistungen der Unterkunft zu übernehmen sein.

Unterkunftskosten bei selbst genutztem Eigenheim oder Wohnung

Dabei sind die üblichen Bewirtschaftungskosten (analog den Nebenkosten einer

Mietwohnung, in Anlehnung an § 556 Abs. 1 BGB u. i.V.m. der Betriebskostenverordnung vom 25. November 2003 zu berücksichtigen (BSG vom 7.11.06- B 7b AS 8/06 R)

Wohnkosten

Zu den Wohnkosten bei selbst genutztem Wohnraum (Eigenheim, Eigentumswohnung) zählen alle Belastungen, die damit verbunden sind, wie zum Beispiel:

• Grundsteuer und sonstige öffentliche Abgaben

• Gebühren für Wasserzähler und Wassermengenregler

• Kanalbenutzungsgebühren,

Niederschlagswasser, Beseitigungsbeträge, Beiträge zum Entwässerungsverband, Deichgebühren

- Kosten der Entwässerung des Grundstückes

- Kosten der Straßenreinigung und Müllabfuhr

- Kosten der Beleuchtung gemeinsam genutzter Anlagen,

- Kosten der Reinigung des Schornsteines und der Messung des Heizungsanlage durch den Schornsteinfeger

- Kosten der Beseitigung der Abwässer und Fäkalien,

- Kosten einer Gemeinschaftsanlage,

- Wartungskosten,

- Heizungsanlagen ohne Abwasserhebeanlagen,

- Kosten eines Aufzuges

- sowie die Kosten der Gartenpflege

- und eines Hauswarts (soweit seine Tätigkeit nicht die Instandhaltung, Instandsetzung, Erneuerung, Schönheitsreparaturen oder die Hausverwaltung betrifft - vgl. LSG N-B vom 31. März 2006 - L 7 AS 343/05 ER)

(alle Punkte BSG vom 7.11.06 - B 7b AS 8/06 R)

Angemessene Wohnungsgrößen:

Bei der Festlegung der Angemessenheit sind die jeweiligen landesrechtlichen Ausführungsbestimmungen zum Wohnraumförderungsgesetz Bezugspunkt (BSG v. 7.11.06 - 7b AS 18/06 R, Rz19)

Bitte dringend beachten:

Die jeweiligen landesrechtlichen Bestimmungen lassen individuelle Erhöhungen beispielsweise bei Behinderung, jungen Paaren, Alleinerziehenden und bei Notwendigkeit eines Arbeitszimmers zu. Auch differieren die qm dort [eine Person 45 – 50 qm, diese sind daher nach jedem Bundesland einzeln zu betrachten. Bezugspunkt für die Angemessenheit können auch die **Anzahl der Zimmer** sein, nicht alleine die qm ist massgeblich !!!

Anzahl der Personen Wohnungsgröße Anzahl der Wohnräume

eine **45 – 50 qm**

zwei **60 qm**

drei **75 – 80 qm**

vier **85 – 90 qm**

jede weitere **10 – 15 qm** ein weiterer Wohnraum

(bei der Anzahl der Wohnräume sind Küchen, Bad und Toiletten nicht enthalten)

Bei der Festlegung der Angemessenheit sind die jeweiligen landesrechtlichen Ausführungsbestimmungen zum Wohnraumförderungsgesetz Bezugspunkt (BSG v. 7.11.06 - 7b AS 18/06 R, Rz19)

Bitte dringend beachten:

Die jeweiligen landesrechtlichen Bestimmungen lassen individuelle Erhöhungen beispielsweise bei Behinderung, jungen Paaren, Alleinerziehenden und bei Notwendigkeit eines Arbeitszimmers zu. Auch differieren die qm dort [eine Person 45 – 50 qm, diese sind daher nach jedem Bundesland einzeln zu betrachten.

Regelwerte können im Einzelfall erhöht werden:

Die Regelwerte der Wohnraumförderungsgesetze (s. vorherige Folien) können entsprechend des Einzelfallgrundsatzes erhöht werden:

insb. bei **behinderten- und pflegebedingtem Raumbedarf**

(BVerwG 21.1.88 – 5 C 68.85, s.a. LSG N-B vom 21.4.06 – L 6 AS 248/06 ER)

für Übernachtungs- und Aufenthaltsraum einer Betreuungsperson (LPK-SGB II, 2. Aufl., § 22 Rz 29) bei **Gehbehinderten, die auf einen Rollstuhl** angewiesen sind (LSG B-W v. 22.2.07 – L 8 AS 6424/06 ER)

Schwerbehinderte haben **entsprechend der landesrechtlichen Ausführungsbestimmungen zum Wohnraumförderungsgesetzes** (BSG v. 7.11.06 - 7b AS 18/06 R, Rz19) ohne weitere Prüfung einen höheren Wohnraumbedarf

(SG Oldenburg vom 03.05.2007 -S 49 AS 895/06) bei persönlichen Umständen wie **Akzeptanzprobleme auf dem Wohnungsmarkt** (z.B. Wohnungslose, Strafentlassene, Drogenabhängige …) (Leitfaden ALG II, TuWas, S. 125)

häufigem und regelmäßigen Besuch der leiblichen **Kinder** mit längerem Aufenthalt (SG Magdeburg v. 28.10.05 – S 28 AS 383/05)

künftiger Wohnraumbedarf, z.B. bei Schwangerschaft (LSG N-B vom17.10.06 – L 6 AS 556/06 ER; LPKSGB XII, § 22 Rz 29) oder **geplanter Heirat** oder Haftentlassung

erhöhter **Wohnraumbedarf** wegen **Sehbehinderung oder Blindheit**, der in DIN 18025 Teil 2 mit 15 qm oder 1 Raum mehr angegeben wird (Schriftenreihe zum Blindenrecht Heft 03) bei **Notwendigkeit eines Arbeitszimmers** bei besonderen beruflichen Bedürfnissen (entspr. § 10 Abs. 1 WoFG) oder zur **Aufnahme oder Fortsetzung einer Erwerbstätigkeit** (LPK-BSHG, § 12 Rz 29)

oder bei Studenten in der Examensvorbereitung (Eicher/Spellbring § 22 RZ 56)

Zumutbare Arbeiten

Zumutbar ist:

jede **Arbeit** (§ 10 Abs. 1 S. 1 SGB II)

jede **Eingliederungsmaßnahme** (§ 10 Abs. 3 SGB II]

jedes **Sofortangebot** (§ 15a SGB II)

Es sei denn:

10 Abs. 1 Nr. 1: der/die Erwerbsfähige ist hierzu **körperlich, geistig** oder **seelisch** nicht in der Lage (§ 10 Abs. 1 Nr.1 SGB II)

§ 10 Abs. 1 Nr. 2: die Ausübung **erschwert wegen besonderer körperlicher Anforderungen** die künftige Ausübung der bisherigen überwiegenden Tätigkeit (§ 10 Abs. 1 Nr. 2 SGB II)

§ 10 Abs. 1 Nr. 3: die Ausübung der Arbeit gefährdet die

Erziehung eines Kindes des Hilfeempfängers oder dessen Partner (§ 10 Abs. 1 Nr. 3 SGB II) . **§ 10 Abs. 1 Nr. 4:** sie ist mit der **Pflege eines Angehörigen** nicht vereinbar und kann nicht auf andere Weise sichergestellt werden

(§ 10 Abs. 1 Nr. 4 SGB II)

§ 10 Abs. 1 Nr. 5: ein **sonstiger gewichtiger Grund** steht der Arbeitentgegen (§ 10 Abs. 1 Nr. 5 SGB II) 105

Nr. 1: körperlich, geistig oder **seelisch** nicht in der Lage

(§ 10 Abs. 1 Nr.1 SGB II)

körperlich nicht in der Lage

akute Erkrankung / Arbeitsunfähigkeit

zu dieser Arbeit aus körperlichen Gründen nicht fähig (gehbehindert, schwer asthmakrank, keine überwiegend stehende Tätigkeiten ...)

Einschränkung durch Behinderungen / tätigkeitsbezogene Einschränkungen (bei Bandscheibenvorfall kein Spargelstechen) psychische Erkrankungen

Fehlbildungen am Skelett bei überwiegenden Zwangshaltungen

Muskelerkrankungen

geistig und seelisch nicht in der Lage:

Arbeitsstelle im Nachbarhaus des gewalttätigen Ehemanns

bei früheren Arbeitgeber mit Mobbing, psychischer Druck oder sexueller Belästigung

mit Essstörungen als Koch

mit Alkoholproblem als Barkeeper

bei Depressionen oder anerkannter psychischen Erkrankung

Einsatz in überwiegenden stressigen Bereichen

Die genannten Punkte stellen keine abschließende Aufzählung dar.

Fundstellen: DA zu § 10; LPK-SGB II, 2. Aufl. § 10; Leitfaden zum Arbeitslosengeld S. 122 ff. ; Leitfaden ALG II/Sozialhilfe, S. 13 ff, Eicher/Spellbrink § 10

Nr. 2: die Ausübung der Arbeit **erschwert wegen besonderer**

körperlicher Anforderungen die künftige Ausübung der

bisherigen überwiegenden Tätigkeit

Erschwernis künftiger bisheriger Erwerbstätigkeit

Diese Norm dürfte sehr selten zum Tragen kommen, und nur dann, wenn wegen „besonderer Schwere" einer auszuübenden Tätigkeit bisherige besondere Fertigkeit zur Disposition stehen.

• z.B. Steinekloppen für Konzertpianisten, Kunsthandwerker, Goldschmied …

Nr. 3: *„die Ausübung der Arbeit die* **Erziehung seines Kindes** *oder des Kindes seines Partners* **gefährden** *würde; die Erziehung eines Kindes, das das dritte Lebensjahr vollendet hat, ist in der Regel nicht gefährdet, soweit seine Betreuung in einer Tageseinrichtung oder in Tagespflege im Sinne der Vorschriften des Achten Buches oder auf sonstige Weise sichergestellt ist; die zuständigen kommunalenTräger sollen darauf hinwirken, dass erwerbsfähigen Erziehenden vorrangig ein Platz zur Tagesbetreuung des Kindes angeboten wird".*

(§ 10 Abs. 1 Nr. 3 SGB II*)*

Nr. 3 Gefährdung der Erziehung eines Kindes

mit **Kind unter drei Jahren besteht in keinem Fall Arbeitspflicht**

die Erziehungsgefährdung bezieht sich **auch auf Kinder des eäG Partners**

bei zwei Elternteilen besteht **für den anderen Arbeitspflicht**

ist das Kind in Betreuung (KiGa, Hort, Schule …), besteht **in der Zeit der** betreuenden **Erziehung** „in der Regel" **Arbeitspflicht**

liegen besondere Umstände des Einzelfalls vor, kann dies der Regelvermutung entgegenstehen

Die **Erziehung des Kindes obliegt den Eltern**, nach Art 6 Abs. 2 S. 1 GG haben **die Eltern zu entscheiden, was für die Kinder vorteilhaft** ist und nicht der Fallmanager. Daraus leitet sich ab, dass es **keine Pflicht gibt**, das Kind in eine Tageseinrichtung oder Betreuung gegen den ausdrücklichen elterlichen Willen stecken zu müssen.

Ob eine dahingehende Weigerung **einen Sanktionstatbestand darstellt** wird die Rechtsprechung klären müssen.

Die Dienstanweisung der BA, *„der Hilfebedürftige hat sich bei Dritten um die Sicherstellung der Betreuung des Kindes zu bemühen und dies auf Verlangen nachzuweisen"* (DA 10.10) **entbehrt einer Rechtsgrundlage**. Einen Sanktionstatbestand

„Weigerung Kinder fremdbetreuen zu lassen" gibt es nicht. In der Folge wäre eine dahingehende Regelung in einer EGV nichtig (§ 58 Abs. 2 Nr. 1 SGB X).

Aus der gesetzlichen Maßgabe vorrangig Eltern mit Kindern ab drei Jahren eine Kinderbetreuung anzubieten, lässt sich keine Pflicht ableiten, diese annehmen zu müssen.

Nr. 3 Leitlinien der Rechtsprechung zur Zumutbarkeit von Arbeit mit Kindern Alleinerziehende mit nicht schulpflichtigen Kindern

Es gibt einige (BSHG) Entscheidungen, die sagen, dass bei Alleinerziehenden mit nicht schulpflichtigen Kindern **grundsätzlich keine Arbeitstätigkeit zugemutet werden kann** (LPK - SGB II, 2. Aufl. § 10 Rz 22). Gegen diese **grundsätzliche** Entscheidung wurde aber auch von verschiedenen Gerichten entgegengetreten.

> bei schulpflichtigen Kindern

Je nach Einzelfall **Teilzeitbeschäftigung** (LPK - SGB II, 2. Aufl. § 10 Rz 22). BVerwG bei 9-jährigem „**nur" Halbtagsbeschäftigung**, VGH BW **bis 12 Jahre Teilzeit**, danach Vollzeit (Leitfaden ALG II/Sozialhilfe, Stichwort Arbeit, 1.363, S. 14).

Bei **drei und mehr Kindern im Schulalter** ist die Arbeitsaufnahme **nicht zumutbar** (VGH BW FamRZ 1999, 409, 410)

>Gesamtumstände sind maßgeblich

Letztendlich kommt es auf die **Gesamtumstände des Einzelfalls** an, ob eine Arbeit zumutbar ist, insbesondere die Situation der Kinder, deren Alter, Zeiten der schulischen und sonstigen Betreuung, erzieherische Probleme, soziales Umfeld, Versetzungsschwierigkeiten ...

Im Einzelfall wäre es hilfreich, die Situation durch Stellungnahmen von Fachberatungsstellen, Ärzten, Lehrern, Pfarrern usw. belegen zu lassen.

Erziehungsbedarf endet bei Volljährigkeit

Die Erziehungs- und Betreuungsbedürftigkeit kann im gesamten Kindesalter bestehen. Sie endet spätestens mit dessen Volljährigkeit (s. § 21 Abs. 3 Nr.1 SGB II).

Nr. 4: Die Arbeit mit der Pflege eines Angehörigen nicht vereinbar ist.

Eine Arbeit ist nicht zumutbar, wenn diese mit der **Pflege eines Angehörigen** nicht vereinbar ist und kann nicht auf andere Weise sichergestellt werden kann (§ 10 Abs. 1 Nr. 4 SGB II)

das muss kein naher, sondern kann durchaus auch ein ferner Angehöriger sein (Bezug § 16 Abs. 5 SGB X)

die Pflege muss tatsächlich erforderlich sein und nicht auf andere Art und Weise sichergestellt werden

Nr. 5: sonstige wichtige Gründe

Eine Arbeit ist nicht zumutbar, wenn dieser ein **sonstiger gewichtiger Grund** entgegen steht (§ 10 Abs. 1 Nr. 5 SGB II).

Diese können sein: **Schulbesuch** (Hauptschule, Realschule und Gymnasium) (DA 10.17)

. Besuch einer **berufsvorbereitenden Maßnahme** (DA 10.17)

Erstausbildung (DA 10.17)

Aufstiegsfortbildung (DA 10.17)

unentgeltliche Probearbeit (SG Aachen vom 22.3.07 – S 9 AS 32/07 ER)

Verstoß gegen ein Gesetz, so z.B.: Arbeitszeitgesetz, -stättengesetz,

Jugendschutzgesetz, MutterschutzG, KinderarbeitsschutzVO

Lohnwucher und untertarifliche Bezahlung (§ 138 BGB, § 291 StGB) wird ab ca. 30 % unter dem tarif- oder ortsüblichen Durchschnittslohn angenommen. Auch bei Verstoß gegen Mindestlohn im Baugewerbe oder Verstoß gegen die

Arbeitsentgeltmindest VO, wenn die **Aufwendungen für eine Arbeit höher** sind, **als die Einnahmen** aus der Arbeit selbst (DA 10.21)

keine Arbeitspflicht bei **Prostitution,** auch wenn sie früher schon einmal ausgeübt wurde (DA 10.17)

die angebotene Arbeit dürfen **nicht sittenwidrig** sein, d.h. Dienstleistungen mit sexuellen Bezug, wie Telefonsex-Angebote (Rixen in Eicher/Spellbrink § 10, Rz 106, 107)

bei einem Arbeitgeber, bei dem der AN **schon mal beschäftigt war** und **berechtigt war, aus wichtigem Grund zu kündigen** (DA 10.17) z.B. Mobbing, sexuelle Belästigung

kein **Einsatz als Streikbrecher,** weil Verstoß gegen die Guten Sitten

notwendige oder sinnvolle Praktika können ebenfalls gewichtige Gründe sein (Bezug § 1 Abs. S. 4 Nr. 1 SGB II)

Geldstrafentilgung in Form von gemeinnütziger Arbeit (vgl. § 120 Abs.1 SGB III)

Es besteht kein Rechtsanspruch auf Eingliederungsleistungen! Weder über - noch unter 25-Jährige haben einen Rechtsanspruch auf Eingliederungsleistungen. Es besteht lediglich **ein Anspruch** auf eine ermessensfehlerfreie Entscheidung.

Denn Eingliederungsleistungen »**können**« erbracht werden (§§ 3 Abs. 1S. 1 SGB II, § 16 Abs. 1 S. 1 SGB II), soweit dies für die Eingliederung **erforderlich** ist. Auch aus der Regelung für die Unter 25- Jährigen, nach der diese „unverzüglich nach Antragstellung in Arbeit, Ausbildung oder Arbeitsgelegenheit zu vermittelt" seien, läßt sich **kein** individueller **Rechtsanspruch ableiten**.

Diese Norm stellt vielmehr eine Verpflichtung des Leistungsträgers dar, so mit den U 25'ern zu verfahren, aber keinen Rechtsanspruch des Betroffenen beispielsweise auf eine Ausbildung. Das bedeutet, alle Eingliederungsleistungen stehen im Ermessen des Leistungsträgers. Der Betroffene hat lediglich einen Anspruch auf eine ermessensfehlerfreie Entscheidung.

§ 16 Abs. 1 SGB II:

Arbeitsförderungsleistungen nach dem SGB III

Das Wörtchen »insbesondere« in § 16 Abs. 2 S. 2 SGB II macht deutlich, dass neben den dort aufgezählten Leistungen weitere Leistungen erbracht werden können, beispielsweise:

Arbeitnehmerzuschuss

Förderung des Führerscheins, der zwingend zur Arbeitsaufnahme erforderlich ist

Prämie als Anreiz für selbst gesuchte Arbeit / betriebliche Ausbildung, Zuschuss bei Existenzgründung oder Arbeitsaufnahme (z.B. für ein gebrauchtes Kfz oder für einen Anzug),

Arbeitgeberzuschuss

Pauschalzuschuss an einstellenden Arbeitgeber für besonderen betreuerischen Aufwand, der über das übliche Maß einer betrieblichen Einarbeitung hinausgeht

Trägerzuschuss

.Pauschale an Maßnahmeträger für zusätzlich notwendige Betreuungsleistungen während der Teilnahme an der Maßnahme Leistungsempfänger: Der **Leistungsberechtigte** oder - im Einzelfall - der **Arbeitgeber** oder **Träger** für erwerbsfähige Hilfebedürftige.

Über die Förderung nach § 16 Abs. 1 SGB II hinaus können weitere Eingliederungsleistungen erbracht werden, dazu gehören insbesondere:

Betreuung minderjähriger oder **behinderter Kinder** oder **häusliche Pflege Angehöriger** (§ 16 Abs. 2 Nr. 1 SGB II)

Schuldnerberatung (§ 16 Abs. 2 Nr. 2 SGB II)

psychosoziale Betreuung (§ 16 Abs. 2 Nr. 3 SGB II)

Suchtberatung (§ 16 Abs. 2 Nr. 4 SGB II)

Einstiegsgeld nach § 29 SGB II

u. Leistungen n. dem Altersteilzeitgesetz (§ 16 Abs. 2 Nr. 4 + 5 SGB II)

SGB II - Bundesagentur für Arbeit

Seit dem 1. Januar 2005 können Sie Leistungen nach dem neuen Sozialgesetzbuch 2 (SGB II) erhalten, wenn Sie erwerbsfähig und hilfebedürftig sind. Dazu gehören Eingliederungsleistungen beziehungsweise Fördermöglichkeiten, die Ihnen helfen eine Arbeit zu finden, und Geldleistungen.

Für beide Leistungen ist in Zukunft nur noch eine Institution zuständig. Je nach Wohnort kann das die Agentur für Arbeit, Ihre Kommune (Optionskommune) oder eine der neu gegründeten Arbeitsgemeinschaften sein.

Wann erhalte ich Leistungen?

Generell erhalten Sie Leistungen, wenn Sie mindestens 15 und noch nicht 65 Jahre alt, erwerbsfähig und hilfebedürftig sind, sowie Ihren gewöhnlichen Aufenthalt in der Bundesrepublik Deutschland haben.

Welche Behörde ist für mich zuständig?

Laut Gesetz trägt die Kommune die Kosten für Unterkunft und Heizung, die Bundesagentur für Arbeit ist für Arbeitslosengeld II und Sozialgeld zuständig. Meistens haben beide Partner aber eine Arbeitsgemeinschaft (ARGE) gegründet. Dort sitzen Mitarbeiter beider Behörden und kümmern sich gemeinsam um Vermittlung und Leistungsauszahlung.

In einigen Gemeinden gehen beide Partner Ihren Aufgaben aber getrennt nach. Dann müssen Sie die Kosten der Unterkunft beim Landkreis oder der Stadt (bei kreisfreien Städten) beantragen, Arbeitslosengeld II und Sozialgeld dagegen bei der Agentur für Arbeit. Auch für die Arbeitsvermittlung ist in diesem Fall die Agentur für Arbeit zuständig.

69 Landkreise und kreisfreie Städte haben beide Aufgaben alleine übernommen. Hier ist nur die Kommune für Sie zuständig.

Wann bin ich hilfebedürftig?

Sie sind hilfebedürftig, wenn Sie Ihren Unterhalt und den Ihrer Familie nicht aus eigenen Mitteln und Kräften, also Ihrem Einkommen, Vermögen und Ihrer Arbeitskraft, decken können.

Wann bin ich erwerbsfähig?

Erwerbsfähig sind Sie, wenn Sie gesundheitlich in der Lage sind, mindestens drei Stunden am Tag zu arbeiten.

Verschiedene Leistungen sollen Ihnen helfen, eine Arbeit zu finden. Mit Ihrem persönlichen Ansprechpartner legen Sie in Ihrer Eingliederungsvereinbarung fest, welche Maßnahmen für Ihre Eingliederung in das Berufsleben nötig sind.

Teilnahme an einer Trainingsmaßnahme

Besonders Trainingsmaßnahmen in einem Betrieb erhöhen die Chancen auf einen neuen Arbeitsplatz. Betriebe haben so die Möglichkeit, ihre zukünftigen Arbeitnehmer kennen zu lernen und ihren Arbeitseinsatz zu prüfen. Arbeitsuchende können im Gegenzug nachweisen, dass sie für das Unternehmen wichtige Mitarbeiter werden können.

Außerdem besteht für Sie die Möglichkeit, mit einer Trainingsmaßnahme bereits vorhandene Kenntnisse aufzufrischen oder ein Zertifikat zu erwerben (zum Beispiel über Computer-Kenntnisse oder einen Gabelstaplerschein).

Mit gezielten Bewerbungstrainings machen wir Sie fit für die Stellensuche. Stellenrecherche, Bewerbungsmappe und Bewerbungsgespräch sollen keine unüberwindlichen Hürden für Sie sein.

Förderung einer beruflichen Weiterbildung

Sollten Sie nicht über einen beruflichen Abschluss verfügen oder entsprechen Ihre beruflichen Kenntnisse nicht dem aktuellen Stand, kann eine berufliche Weiterbildung in Frage kommen.

Mit einer beruflichen Qualifizierung können Sie zum Beispiel nach langer Arbeitslosigkeit oder als Berufsrückkehrer/-in auf bisheriges Wissen aufbauen oder auch den Einstieg in ein neues Berufsfeld finden.

Förderung der Teilhabe von Menschen mit Behinderungen am Arbeitsleben

Die Fördermaßnahmen umfassen unter anderem Beratung, Vermittlung, berufliche Qualifizierung und notwendige besondere Hilfen, die auf Ihre Behinderung zugeschnitten sind. Zusammen mit Ihrem persönlichen Ansprechpartner definieren Sie Ziele, die Ihre Teilhabe am Arbeitsleben mit einer Behinderung ermöglichen und Ihre Erwerbsfähigkeit erhalten. Er schaltet bei Bedarf auch die Reha-Beratung ein.

Deutschkurse

Gute Deutschkenntnisse helfen Ihnen zusätzlich, einen neuen Job zu finden. Wenn Ihr Deutsch aufgefrischt werden muss, gibt es dafür spezielle Integrationskurse. Über diese Kurse hinaus besteht die Möglichkeit, den Spracherwerb mit einer beruflichen Qualifizierung zu verbinden. Fragen Sie Ihren persönlichen Ansprechpartner. Er wird mit Ihnen alle wichtigen Schritte vorbereiten.

Einstellungshilfen

In besonderen Fällen kann ein Lohnkostenzuschuss Ihre Einstellung in ein sozialversicherungspflichtiges Arbeitsverhältnis begünstigen, zum Beispiel zum Ausgleich noch fehlender Qualifikationen. Sprechen Sie rechtzeitig mit Ihrem persönlichen Ansprechpartner, da ein potentieller Arbeitgeber vor der Einstellung einen Förderantrag stellen muss.

Weitere Unterstützungsmöglichkeiten

Erstattung von Bewerbungskosten in der Höhe von bis zu 260 €

Übernahme der Reisekosten bei Vermittlung, Eignungsfeststellung und Vorstellungsgesprächen;

Kosten für Arbeitskleidung und -geräte, Reisekosten, Fahrkostenbeihilfe, Trennungskosten oder Umzugskosten

Bitte denken Sie bevor Kosten entstehen daran, eine Erstattungsmöglichkeit zu klären und eventuelle Leistungen im Voraus zu beantragen. Die neue Grundsicherung für Arbeitsuchende orientiert sich an Ihrem Bedarf. Sie setzt sich aus der Regelleistung

sowie den anteiligen angemessenen Kosten für Unterkunft und Heizung zusammen. Ausschlaggebend ist, ob Sie erwerbsfähig und hilfebedürftig sind.

Wichtig ist, ob Sie alleine leben oder mit anderen Familienmitgliedern eine Bedarfsgemeinschaft bilden. Bei der Berechnung des Arbeitslosengeldes II wird Ihr und Vermögen und das aller Mitglieder Ihrer Bedarfsgemeinschaft berücksichtigt.

Die gleichen Kriterien gelten für eheähnliche Gemeinschaften und eingetragene Lebenspartnerschaften. Einkommen sind alle Einnahmen, die Sie während des Bewilligungszeitraumes erzielen. Sowohl auf Vermögen als auch auf Einkommen entfallen bestimmte Frei-, beziehungsweise Absetzbeträge. In Einzelfällen werden Mehrbedarfe übernommen.

Ehemaligen Beziehern von Arbeitslosengeld wird unter bestimmten Voraussetzungen ein Zuschlag gezahlt.

In der Regel werden auch die Beiträge zur gesetzlichen Kranken- und Rentenversicherung übernommen.

Das Arbeitslosengeld II ist eine Leistung die allein aus Steuermitteln finanziert wird. Sie wird in der Regel für einen Zeitraum von sechs Monaten gewährt. Die Auszahlung erfolgt monatlich im Voraus.

Arbeitslosengeld II können Sie nur erhalten, wenn Sie vorher einen Antrag stellen.

Wann habe ich Anspruch auf Mehrbedarf?

Unter bestimmten Voraussetzungen wird für werdende Mütter ab der 13. Schwangerschaftswoche, Alleinerziehende und Menschen mit Behinderungen ein Mehrbedarf übernommen. Ein Mehrbedarf kann auch vorliegen, wenn Sie eine bestimmte Diät einhalten müssen und dies durch eine ärztliche Bescheinigung nachweisen können.

Habe ich einen Anspruch auf Urlaub?

Einen Urlaubsanspruch im eigentlichen Sinne haben Sie als Empfänger von Arbeitslosengeld II nicht. Sie können sich aber für insgesamt drei Wochen im Kalenderjahr außerhalb Ihres Wohnorts aufhalten. Während dieser Zeit müssen Sie auch nicht aktiv nach einer Arbeit suchen.

Sie benötigen dafür vorab die Zustimmung Ihres Ansprechpartners. Nach der Rückkehr sind Sie verpflichtet, sich unverzüglich zurückzumelden. Eine unerlaubte Ortsabwesenheit oder eine verspätete Rückmeldung führt zum Wegfall und gegebenenfalls zur Rückforderung des Arbeitslosengeldes II.

Haben Sie das 58. Lebensjahr vollendet und Arbeitslosengeld II unter erleichterten Bedingungen beantragt, kann Ihr Ansprechpartner unter bestimmten Voraussetzungen einer Ortsabwesenheit von bis zu 17 Wochen im Kalenderjahr zustimmen.

Bekomme ich einen Zuschlag als ehemaliger Arbeitslosengeldempfänger?

Wenn Sie vor der Antragstellung Arbeitslosengeld bezogen haben, gilt für Sie eine Übergangsfrist, in der Sie einen Zuschlag zum Arbeitslosengeld II bekommen. Der Zuschlag beträgt höchstens 160 € pro Monat für Alleinstehende; mit Partner höchstens 320 €. Je Kind erhalten Sie im ersten Jahr maximal 60 € pro Monat. Die Dauer des Zuschlags ist maximal auf zwei Jahre begrenzt. Die Zwei-Jahres-Frist beginnt mit dem letzten Tag des Arbeitslosengeldbezugs. Im zweiten Jahr wird der Zuschlag auf die Hälfte reduziert. Der Zuschlag wird Ihnen aber nur gezahlt, wenn Ihr Arbeitslosengeld höher war als das Arbeitslosengeld II.

Was ist, wenn ich kein Konto habe?

Wenn Sie kein Konto haben, wird Ihnen eine „Zahlungsanweisung zur Verrechnung" zugeleitet. Diese können Sie sich bei jeder Auszahlungsstelle der Deutschen Postbank bar auszahlen lassen. Dafür werden Ihnen jedoch pauschal Kosten in Höhe von 2,10 € von der zustehenden Leistungen abgezogen. Sollten Sie nachweisen können, dass die Einrichtung eines Kontos Ihnen nicht möglich ist, wird auf den Abzug verzichtet. Einzelbeträge unter zehn Euro werden nicht ausbezahlt, sondern angesammelt, bis der Betrag höher ist. Wenn Sie allerdings schon länger als sechs Monate nicht ausbezahlt wurden, wird auch ein Betrag unter zehn Euro überwiesen.

Einkommen

Zum Einkommen zählen grundsätzlich alle Einnahmen in Geld oder in Geld messbaren Werten, die Sie und die Mitglieder Ihrer Bedarfsgemeinschaft während des Bewilligungszeitraums erzielen, wie zum Beispiel:

- Einnahmen aus Arbeit
- Lohnnachzahlungen
- Weihnachts- und Urlaubsgeld
- Arbeitslosengeld oder Krankengeld
- Steuererstattungen
- Unterhaltsleistungen
- Kindergeld
- Kapital- und Zinserträge
- Einnahmen aus Vermietung und Verpachtung
- Eigenheimzulage
- Lottogewinne

Bei der Berechnung des Arbeitslosengeldes II werden folgende Einnahmen nicht berücksichtigt

• Grundrenten nach dem Bundesversorgungsgesetz

• Erziehungsgeld

• Zweckbestimmte Einnahmen und Leistungen der Wohlfahrtspflege (unter anderem Arbeitsförderungsgeld in Werkstätten für Behinderte, Leistungen der Pflegeversicherung, Blindengeld)

• Mehraufwandsentschädigungen für Zusatzjobs

• Denken Sie daran, dass Sie alle Fragen zu Einkommen und Vermögen wahrheitsgemäß beantworten müssen. Ihr zuständiger Träger überprüft Ihre Angaben regelmäßig. Auf dem Wege des automatisierten Datenabgleichs werden 4 Mal im Jahr entsprechende Auskünfte eingeholt.

Das Verschweigen von Einkommen und Vermögen stellt im Übrigen eine Ordnungswidrigkeit oder Straftat dar, die mit einer Geldbuße geahndet werden bzw. eine Strafanzeige nach sich ziehen kann.

Können Beiträge zu Berufsverbänden als Werbungskosten abgesetzt werden?

Ja, neben weiteren Werbungskosten, wie z.B. Arbeitskleidung, werden auch Beiträge zu Berufsverbänden und Gewerkschaften über eine

Werbungskostenpauschale abgesetzt. Übersteigt die Summe der tatsächlichen Werbungskosten die Pauschale, werden sie in ihrer tatsächlichen Höhe abgezogen.

Anrechnung von Vermögen auf das Arbeitslosengeld II

Zum Vermögen zählen alle für den Lebensunterhalt verwertbaren Vermögensgegenstände, die Sie und die Mitglieder Ihrer Bedarfsgemeinschaft haben, wie zum Beispiel

• Bargeld

• Bankguthaben

• Aktien

• Bausparverträge

• Schenkungen innerhalb der vergangenen 10 Jahre

• Lebensversicherungen

• Immobilien

• Schmuck

• Autos

Bei der Berechnung Ihres Leistungsanspruchs werden unter anderem nicht berücksichtigt:

• ein angemessener Hausrat

• ein angemessenes Kraftfahrzeug für jeden erwerbsfähigen Hilfebedürftigen

• für die Altersvorsorge bestimmtes Vermögen im Rahmen bestimmter Freibeträge

• Riesterrente

Müssen meine Kinder ihre Sparbücher auflösen?

Nein, der Wert des Sparbuches wird grundsätzlich im Rahmen eines Freibetrages in Höhe von 3.850 € je Kind geschützt. Der darüber hinaus gehende Betrag mindert den Bedarf des Kindes.

Was passiert mit meinem Bausparvertrag?

Guthaben aus Bausparverträgen ist grundsätzlich verwertbares Vermögen. Im Rahmen der allgemeinen Vermögensfreigrenze ist es jedoch geschützt. Darüber hinausgehende Beträge sind bei der Prüfung der Hilfebedürftigkeit zu berücksichtigen.

Kann die Verwertung meines Vermögens unwirtschaftlich sein?

Ja, beispielsweise wäre der Verkauf einer Kapital bildenden Lebensversicherung unwirtschaftlich, wenn der Rückkaufwert um mehr als 10 % niedriger wäre als die eingezahlten Beiträge.

Gibt es eine Sonderregelung bei Wertsachen, die einen Erinnerungswert haben?

Nein, wobei bei solchem Vermögen im Einzelfall eine besondere Härte geprüft wird. Das heißt, dass das individuelle Interesse gegen das der Allgemeinheit an der Verwertung abgewogen wird.

Die Grundsicherung für Arbeitsuchende lässt Freibeträge beziehungsweise Absetzbeträge zu, die bei der Anrechnung Ihres Einkommens beziehungsweise Vermögens berücksichtigt werden.

Von den Einnahmen können Aufwendungen abgesetzt werden, wie

• auf das Einkommen entfallende Steuern,

• Pflichtbeiträge zur gesetzlichen Sozialversicherung,

• Werbungskosten,

• gesetzlich vorgeschriebene Versicherungen (zum Beispiel Kfz-Haftpflicht),

• ein Zusatz-Freibetrag von 30 € pro Monat für angemessene private Versicherungen und

• Beiträge für eine Riester-Rente.

Auf Einkommen aus Erwerbstätigkeit wird ein Freibetrag gewährt, der von der Höhe des erzielten Brutto- und Nettoeinkommens abhängig ist.

Freibetrag bei Erwerbstätigkeit

Wenn Sie Geld dazu verdienen, wird ein Teil davon auf die Grundsicherung angerechnet. Sie bekommen also weniger Geld von Ihrer Arbeitsgemeinschaft nach § 44b Sozialgesetzbuch 2 (ARGE) oder Ihrer Agentur für Arbeit. Freibeträge sorgen aber dafür, dass der Arbeitende am Ende auch mehr Geld zur Verfügung hat (siehe Beispiel unten).

Wichtig: Für die Höhe Ihres Freibetrags ist das Bruttoeinkommen (Einkommen vor Steuern und Abgaben) entscheidend. Die Freibeträge addieren sich jeweils. Das heißt, verdienen Sie mehr als 100 €, wird der Freibetrag für die ersten 100 € trotzdem so berechet, als würden sie genau 100 € verdienen (die ersten 100 € bleiben also komplett anrechnungsfrei).

Nur für den Betrag, den Ihr Einkommen größer ist als 100 € werden lässt, gelten die neuen Regelungen. Gleiches gilt bei den anderen Grenzen:

- Die ersten 100 € aus Erwerbseinkommen werden nicht angerechnet (Grundfreibetrag), zusätzlich bleiben 20% des über 100 € aber unter 800 € liegenden Teils des Bruttoeinkommens anrechnungsfrei.

Zusätzlich zu den beiden anderen Freibeträgen werden 10% von ihrem Bruttolohn über 800 € bis zur Verdienstobergrenze nicht angerechnet. Bei Hilfebedürftigen ohne Kind liegt die Verdienstobergrenze bei einem Bruttoeinkommen von 1.200 €, bei Hilfebedürftigen mit mindestens einem Kind bei 1.500 €.

Beispiel:

Bei einem Bruttoeinkommen von 1.000 € beträgt das Nettoeinkommen in der Steuerklasse III rund 780 €. Der Freibetrag errechnet sich jedoch aus dem Bruttoeinkommen von 1.000 €. Davon liegen 200 € über der 800 €-Grenze. Von diesen bleiben 10% anrechnungsfrei. Von den verbleibenden 800 € liegen 700 € über der 100 €-Grenze. Davon werden 20% nicht angerechnet. Die verbleibenden 100 € sind komplett anrechungsfrei. Der Freibetrag errechnet sich also: 20 € (10% von 200 €, dem Betrag zwischen 800 € und 1.000 €) + 140 € (20% von 700 €, dem Betrag zwischen 100 € und 800 €) + 100 € (Grundfreibetrag) = 260 €

220 € zahlen Sie an Steuern und Sozialabgaben. Auf die Grundsicherung angerechnet wird nur das Nettoeinkommen von 780 €. Davon wird der Freibetrag von 260 € abgezogen. Somit wird die

Grundsicherung um 520 € gekürzt. Unterm Strich bleiben also 260 € mehr in der Kasse.

Vermögens-Grundfreibetrag

Jedem volljährigen Hilfebedürftigen und seinem Partner steht jeweils ein Grundfreibetrag von 150 € je vollendetem Lebensjahr zu; mindestens 3.100 € und maximal 9.750 €. Jedem minderjährigen hilfebedürftigem Kind steht ein Grundfreibetrag von 3.100 € zu. Jeder in der Bedarfsgemeinschaft lebenden Hilfebedürftigen erhält zusätzlich einen Freibetrag von pauschal 750 €. Der Freibetrag ist für notwendige Anschaffungen vorgesehen.

Private Altersvorsorge

Zusätzlich zu dem Vermögens-Grundfreibetrag steht jedem erwerbsfähigen Hilfebedürftigen ein Freibetrag in Höhe von 250 € je vollendetem Lebensjahr für die Private Altersvorsorge zu, maximal jedoch 16.250 €. Voraussetzung ist allerdings, dass die Verwertung der Anlage vor Eintritt in den Ruhestand vertraglich unwiderruflich ausgeschlossen ist. Auch ein Rückkauf, eine Kündigung oder eine Beleihung darf nicht möglich sein. Ein Ausschluss der Verwertung vor dem 60. Lebensjahr reicht aus.

Riester-Rente"

Einen besonderen Schutz genießt das durch das Altersvermögensgesetz geförderte Vermögen einer „Riester-Rente". Geschützt sind neben den geförderten Beiträgen auch die daraus erzielten Erträge.

Betriebliche Altersvorsorge

Frei sind auch Betriebsrenten, wenn sie ausschließlich arbeitgeberfinanziert sind und eine Verfügung vor dem Eintritt des Versorgungsfalles ausgeschlossen ist.

Ihr notwendiger Lebensunterhalt mit Ausnahme der Kosten für Unterkunft und Heizung wird in so genannten Regelsätzen gewährt. Das bedeutet, dass die Regelleistung die Kosten für Ernährung, Körperpflege, Hausrat und Bedürfnisse des täglichen Lebens pauschal abdeckt.

Regelleistung

Einen Anspruch auf die volle Regelleistung haben volljährige Alleinstehende, Alleinerziehende sowie Antragsteller, deren Partner minderjährig ist. Sie beträgt seit dem 1. Juli 2008 bundeseinheitlich 351 €. Die Regelleistung für (Ehe-)Partner beträgt jeweils 316 €. Kinder bis zur Vollendung des 14. Lebensjahres erhalten 211 €, ab dem 14. Geburtstag sind es 281 €. Kinder ab dem 15.

Lebensjahr und Volljährige die noch keine 25 Jahre alt sind und bei ihren Eltern wohnen erhalten ebenfalls 281 €.

Vor dem 1. Juli 2006 mussten erwerbsfähige Kinder ab Beginn der Volljährigkeit einen eigenen Antrag auf Arbeitslosengeld nach Sozialgesetzbuch 2 (Alg II) stellen. Ab dem 1. Juli 2006 gilt das nur noch für volljährige Kinder, die das 25. Lebensjahr vollendet haben, unabhängig davon, ob sie in einer eigenen Wohnung oder bei den Eltern wohnen. Personen, die in einem eigenen Haushaltleben, bilden ab dem 15. Lebensjahr immer eine eigene Bedarfsgemeinschaft.

Sozialgeld

Nicht erwerbsfähige Hilfebedürftige erhalten Sozialgeld, wenn in ihrer Bedarfsgemeinschaft mindestens ein erwerbsfähiger Hilfebedürftiger lebt. Ausgenommen sind Kinder, die (zum Beispiel auf Grund einer Behinderung) Anspruch auf Sozialhilfe nach dem Sozialgesetzbuch 12 (SGB XII) haben.

Unterkunft und Heizung

Kosten der Unterkunft und Heizung werden, soweit sie angemessen sind, in der Höhe der tatsächlichen Aufwendungen übernommen. Haben Sie ein eigenes Haus oder eine

Eigentumswohnung, gehören zu den Kosten der Unterkunft die damit verbundenen Belastungen, jedoch nicht die Tilgungsraten für Kredite.

Unter 25-Jährige, die bei den Eltern ausziehen wollen, bekommen die Kosten für Unterkunft und Heizung allerdings nur dann ersetzt, wenn der kommunale Träger dem Auszug zugestimmt hat. Die Zustimmung erhalten Sie über den für Ihre Leistungen zuständigen Ansprechpartner. Es muss zugestimmt werden, wenn die Betroffenen aus „schwerwiegenden sozialen Gründen" nicht bei den Eltern wohnen können, der Umzug zur Eingliederung in den Arbeitsmarkt nötig ist oder ein sonstiger schwerwiegender Grund vorliegt.

Einmalige Leistungen

Über die Regelleistung hinaus können Sie einmalige Leistungen als Darlehen oder Geld- und Sachleistung erhalten für die Erstausstattung der Wohnung einschließlich Haushaltsgeräte, die Erstausstattung für Bekleidung (auch bei Schwangerschaften und Geburt) und mehrtägige Klassenfahrten im Rahmen der schulrechtlichen Bestimmungen.

Wie unterscheidet sich eine Bedarfsgemeinschaft von einer Haushaltsgemeinschaft?

Eine Bedarfsgemeinschaft besteht mindestens aus

einem erwerbsfähigen Hilfebedürftigen, dem Partner oder der Partnerin und den im Haushalt lebenden unter 25-jährigen, unverheirateten Kindern. Kinder zählen jedoch nur zur Bedarfsgemeinschaft, wenn sie ihren Bedarf nicht durch ein eigenes Einkommen oder eigenes Vermögen selbst decken können. In der Definition sind Partner/-in: der/die nicht dauernd getrennt lebende Ehemann/-frau oder die Person, mit der der Antragsteller in einer eheähnlichen Gemeinschaft oder eingetragenen Lebenspartnerschaft lebt. Zur Haushaltsgemeinschaft zählen alle in einem Haushalt lebenden Personen, unabhängig von Geschlecht, Alter und verwandtschaftlichen Bindungen.

Was ist eine eheähnliche Gemeinschaft?

Eine eheähnliche Gemeinschaft ist eine auf Dauer angelegte Lebensgemeinschaft zwischen zwei Personen, die so eng ist, dass sie von den Partnern ein gegenseitiges Einstehen im Bedarfsfall erwarten lässt. Indizien sind insbesondere eine dauerhafte Haushalts- und Wirtschaftsgemeinschaft, die gemeinsame Betreuung und Versorgung von Kindern im Haushalt sowie die wechselseitige Befugnis, über das gemeinsame tägliche Wirtschaften hinaus über Einkommens- und Vermögensgegenstände des Partners zu verfügen.

Was passiert, wenn ich in einer Wohngemeinschaft lebe?

Im Antrag auf Arbeitslosengeld II müssen die Antragsteller keine Angaben über die persönlichen Verhältnisse eines Mitbewohners machen. Es reicht in den Fällen einer reinen Wohngemeinschaft aus, wenn im Formular der Mietanteil des Mitbewohners genannt oder die Untermietzahlung als Einkommen angeben wird. In einer Wohngemeinschaft mit mehreren erwerbsfähigen Erwachsenen können sich somit theoretisch genauso viele Bedarfsgemeinschaften ergeben, wie es Mitglieder der Wohngemeinschaft gibt.

Nur wenn Sie einen Anspruch auf Arbeitslosengeld II haben, werden Sie durch den zuständigen Träger der Grundsicherung kranken- und pflegeversichert. Dies erfolgt vorrangig im Rahmen einer Familienversicherung, das heißt, Sie werden bei einem bereits krankenversicherungspflichtigen Angehörigen mitversichert.

Wer mindestens fünf Jahre vor Beginn des Bezuges von Arbeitslosengeld II nicht gesetzlich krankenversichert war, kann einen Zuschuss bis maximal 118,31 € plus 17,54 € für die Pflegeversicherung zur bisherigen Versicherung erhalten.

Der Zuschuss wird nicht gezahlt, wenn es in der Bedarfsgemeinschaft bereits ein krankenversicherungspflichtiges Mitglied gibt und eine Familienversicherung erfolgen kann. Sie sind auch rentenversichert, sofern Sie nicht bereits auf Grund einer Beschäftigung oder selbstständigen Tätigkeit oder des Bezuges von zum Beispiel Arbeitslosengeld rentenversicherungspflichtig sind und das Arbeitslosengeld II nicht als Darlehen oder einmalige Leistung erbracht wird.

Der monatliche Beitrag zur gesetzlichen Rentenversicherung ist abhängig vom jeweiligen zu Grunde zu legenden Versicherungszweig: 40,80 € (Deutsche Rentenversicherung Bund, Regionalträger) beziehungsweise 54,12 € (Deutsche Rentenversicherung Knappschaft-Bahn-See). Personen, die vor Beginn des Bezuges in der Rentenversicherung nicht versichert waren, können bei Befreiung von der Versicherungspflicht einen Zuschuss von 40,80 € zu den Beiträgen erhalten. Die Beiträge zur gesetzlichen Sozialversicherung werden direkt an den Sozialversicherungsträger überwiesen.

Ein Unfallversicherungsschutz besteht für Sie im Rahmen der Meldepflicht, wenn Sie eine der Dienststellen der Bundesagentur für Arbeit aufsuchen müssen.

Ein Bescheid informiert Sie darüber, wie hoch die Leistung ist, die Sie erhalten und wie lange sie gewährt wird.

Auf den ersten beiden Seiten des Bescheides erfahren Sie, auf welches Konto die Leistungen gezahlt werden, bei welcher Krankenkasse und welchem Rentenversicherungsträger Sie versichert sind. Aus den beigefügten Berechnungsbögen können Sie entnehmen, wie sich die Beträge im Einzelnen zusammensetzen und ob beziehungsweise in welcher Höhe Einkommen und Vermögen berücksichtigt wurde.

Die Entscheidung über Ihren Antrag auf Arbeitslosengeld II geht Ihnen per Post zu.

Sind Sie mit dem Bescheid nicht einverstanden, können Sie binnen eines Monats nach der Bekanntgabe Widerspruch bei dem Träger einlegen, der im Bescheid genannt wird. Bekannt gegeben ist der Bescheid, wenn Sie ihn per Post erhalten haben. Dies ist grundsätzlich der dritte Tag nach Versendung (siehe Poststempel).

In der Zeit, in der Sie keine Leistungen der Grundsicherung beziehen, sind Sie durch den zuständigen Träger nicht kranken- und pflegeversichert. Um Nachteile zu vermeiden, erkundigen Sie sich bitte bei Ihrer Krankenkasse über Ansprüche und Rechte (zum Beispiel auf freiwillige Weiterversicherung) während dieser Zeit.

Zeiten der Arbeitslosigkeit ohne Bezug von Leistungen nach dem Sozialgesetzbuch 2 (SGB II) können rentenrechtlich als Anrechnungszeiten berücksichtigt und an Ihren Rentenversicherungsträger gemeldet werden. Dies ist jedoch nur möglich, wenn nur wegen zu berücksichtigenden Einkommens oder Vermögens keine Leistungen nach dem SGB II bezogen werden. Trifft dies auf Sie zu, müssen Sie sich bei der für Sie zuständigen Agentur für Arbeit arbeitslos melden, die Meldung alle drei Monate erneuern und aktiv alle Bemühungen zu Ihrer beruflichen Wiedereingliederung unterstützen.

Auch in dieser Zeit können Sie die Eingliederungsleistungen der Agentur für Arbeit wie Beratung, Vermittlung und Förderung in Anspruch nehmen.

Einmalige Leistung

Wenn Ihr Antrag auf Arbeitslosegeld II wegen fehlender Hilfebedürftigkeit abgelehnt wurde, können Sie in besonderen Fällen einmalige Leistungen erhalten. Sie erhalten die Kosten erstattet, wenn Sie aus eigener Kraft und eigenen Mitteln nicht finanzieren können:

• die Erstausstattung für Wohnungen einschließlich Haushaltsgeräte,

• die Erstausstattung für Bekleidung (auch bei Schwangerschaft und Geburt) und

• mehrtägige Klassenfahrten im Rahmen der schulrechtlichen Bestimmungen. Hierbei kann Einkommen berücksichtigt werden, das Sie bis zu sechs Monate danach erwerben.

Kinderzuschlag

Der Kinderzuschlag ist für Eltern vorgesehen, die mit Ihren Kindern in einem gemeinsamen Haushalt leben und deren Einkommen und Vermögen ausreicht, um ihren eigenen Bedarf zu decken, aber nicht denjenigen ihrer minderjährigen Kinder. In diesen Fällen gewährt die zuständige Familienkasse bei der Agentur für Arbeit auf Antrag einen Kinderzuschlag. Er beträgt maximal 140 € monatlich pro Kind und wird längstens für die Dauer von 36 Monaten gezahlt.

Verfügen Kinder über ein eigenes, zu berücksichtigendes Einkommen oder Vermögen von 140 € oder mehr zum Beispiel durch Unterhaltsleistungen, entfällt der Kinderzuschlag. Der Kinderzuschlag wird auch nicht zusätzlich zum Arbeitslosengeld II gezahlt.

Wohngeld

Wird der Antrag auf Arbeitslosengeld II abgelehnt, kann dennoch ein Anspruch auf Wohngeld bestehen.

Wohngeld wird in der Regel vom Beginn des Monates an gezahlt. Es empfiehlt sich, den Antrag zeitnah nach der Ablehnung des Antrages auf Arbeitslosengeld II zu stellen.

Beratung, Vermittlung und Eigeninitiative

Damit der berufliche Einstieg für Sie gelingt, unterstützen wir Sie umfassend. Ein persönlicher Ansprechpartner steht Ihnen von Anfang an beratend zur Seite. Seit dem 1. August 2006 sind die Arbeitsgemeinschaften nach § 44b Sozialgesetzbuch 2 (ARGEn) aufgefordert, allen Arbeitslosen, die in den vergangenen zwei Jahren weder Arbeitslosengeld noch Arbeitslosengeld II oder Sozialgeld bekommen haben, unverzüglich Leistungen zur Eingliederung in Arbeit anzubieten. Ihre aktuelle Situation ist ausschlaggebend für die individuellen Förder- und Vermittlungsleistungen, die wir Ihnen anbieten. Aber auch Ihre Eigeninitiative ist gefragt. Wir setzen voraus, dass Sie sich selbst bewerben und zumutbare Beschäftigungen annehmen, auch wenn sich diese von Ihrer früheren Tätigkeit unterscheiden oder der Arbeitsort weiter entfernt ist.

Was passiert wenn ich ein Angebot ablehne?

Jede Ablehnung oder Aufgabe einer zumutbaren Arbeit ohne wichtigen Grund führt dazu, dass Ihr Arbeitslosengeld II für drei Monate um 30% der Regelleistung abgesenkt wird. Ein gegebenenfalls gezahlter Zuschlag fällt während dieses Zeitraumes ganz weg. Eine erneute bzw. weitere Ablehnung einer Arbeit - oder die Verletzung anderer Grundpflichten - innerhalb eines Jahres - seit Beginn der letzten Absenkung - zieht eine Absenkung um 60 % der Regelleistung nach sich.

Bei der dritten Ablehnung einer Arbeit - oder der Verletzung anderer Grundpflichten - innerhalb eines Jahres seit Beginn der letzten Absenkung entfällt Ihr Arbeitslosengeld II dann vollständig.

Kommen Sie Ihrer Pflicht, sich auf eine Einladung hin zu melden beziehungsweise zu einem ärztlichen oder psychologischen Untersuchungstermin zu erscheinen, ohne wichtigen Grund nicht nach, wird Ihr Arbeitslosengeld II um 10% der Regelleistung vermindert. Auch hierbei zieht eine Wiederholung innerhalb eines Jahres eine verschärfte Minderung (letzte Minderung plus weitere 10 %) nach sich. Außerdem fällt auch bei einer versäumten Meldung der oben genannte Zuschlag für die Dauer der Absenkung (drei Monate) weg. Bitte beachten Sie, dass Sie von dem Ihnen verbleibenden Betrag grundsätzlich sämtliche Kosten für Ihren Lebensunterhalt abdecken müssen.

Das Einstiegsgeld kann als Zuschuss zum Arbeitslosengeld II gezahlt werden.

Sie können Einstiegsgeld beantragen, wenn Sie

• eine sozialversicherungspflichtige Beschäftigung aufnehmen, die nur gering bezahlt wird und mindestens 15 Stunden wöchentlich umfasst oder

• sich selbstständig machen wollen und Ihre Tätigkeit einen hauptberuflichen Charakter hat. Die Förderungsdauer beträgt normalerweise 12 Monate und kann auf 24 Monate verlängert werden.

Ob und in welcher Höhe Sie Einstiegsgeld erhalten, entscheidet Ihr persönlicher Ansprechpartner.

Er berücksichtigt dabei die Dauer Ihrer Arbeitslosigkeit, die Größe Ihres Haushaltes und prüft, ob die angestrebte Tätigkeit Ihrer beruflichen Eingliederung dient. Das Einstiegsgeld kann weiter erbracht werden, wenn die Hilfebedürftigkeit durch oder nach Aufnahme der Erwerbstätigkeit entfällt.

Kann ich einen Gründungszuschuss beantragen?

Nein, diese Leistung erhalten nur Bezieher von Arbeitslosengeld I nach dem Sozialgesetzbuch 3 (SGB III). Der Gründungszuschuss hatte am 1. August 2006 die Ich-AG und den Existenzgründerzuschuss abgelöst. Bezieher von Arbeitslosengeld II, die sich selbstständig machen wollen, haben unverändert die Möglichkeit, in Absprache mit Ihrem persönlichen Ansprechpartner Einstiegsgeld zu erhalten.

Bei Ihrer beruflichen Orientierung unterstützt Sie in Zukunft ein persönlicher Ansprechpartner. Gemeinsam vereinbaren Sie Ihre Ziele, die in einer Eingliederungsvereinbarung festgehalten werden.

Darin werden alle Schritte, die für Ihre persönliche Eingliederung in den Arbeitsmarkt wichtig sind („Fördern"), aber auch Ihre persönlichen Aufgaben und Pflichten („Fordern") festgelegt. Dabei werden die Risiken und Chancen Ihrer Arbeitsvermittlung realistisch eingeschätzt (Profiling). Die vereinbarten Maßnahmen und Eigenleistungen werden alle sechs Monate überprüft und gegebenenfalls angepasst. Falls für Ihre berufliche Eingliederung eine verstärkte Unterstützung nötig ist, kann ein Dritter (zum Beispiel ein privater Vermittler), ein Bildungsträger oder eine gemeinnützige Organisation mit Ihrer Vermittlung oder mit Teilaufgaben Ihrer Vermittlung beauftragt werden.

Was heißt "Fördern" und "Fordern"?

Unter „Fördern" versteht man die verschiedenen Eingliederungsleistungen, die Ihnen bei Ihrer Integration in den Arbeitsmarkt zur Verfügungen stehen.

„Fordern" heißt, dass Sie aktiv an allen Maßnahmen mitwirken, die Ihre Eingliederung in den Arbeitsmarkt unterstützen. Dazu gehört, dass Sie sich eigenständig um eine Arbeit bemühen und dies auch nachweisen.

Was sind Fallmanager?

Fallmanager sind persönliche Ansprechpartner in den Arbeitsagenturen, die eine besondere Weiterbildung erhalten haben. Sie helfen Ihnen, wenn Sie eine besondere Unterstützung bei der Bewältigung Ihrer Probleme brauchen. Mit den Fallmanagern besprechen Sie auch, wie Ihre

Integration in den Arbeitsmarkt funktionieren kann.

Manchmal sind es auch persönliche Probleme, die es schwierig machen sich auf die Suche nach einem Arbeitsplatz zu begeben und eine Beschäftigung anzunehmen.

Aber auch dafür gibt es qualifizierte Hilfen, zum Beispiel

• Unterstützung bei der Beschaffung einer Kinderbetreuungsmöglichkeit

• Schuldnerberatung

• Suchtberatung

• Psychosoziale Beratung

Ihr persönlicher Ansprechpartner steht Ihnen mit Rat und Tat zur Seite. Er kann in Absprache mit Ihnen auch für Ihre Familie Hilfen einleiten oder Kontakte zu anderen Institutionen herstellen

Zusatzjobs sind „Arbeitsgelegenheiten mit Mehraufwandsentschädigung". Nach dem Sozialgesetzbuch 2 (SGB II) gehören Sie zusammen mit den Arbeitsbeschaffungsmaßnahmen (ABM) zur öffentlich geförderten Beschäftigung.

Zusatzjobs werden als zusätzliche Arbeitsgelegenheiten eingerichtet, zum Beispiel bei Gemeinden, Vereinen, Kirchen oder Wohlfahrtsverbänden (den Maßnahmeträgern). Ein passender Job könnte auch für Sie dabei sein, zum Beispiel bei einem Seniorenbesuchdienst, der Denkmalpflege oder bei Umweltschutzmaßnahmen. Mit einem Zusatzjob können Sie berufliche Erfahrungen sammeln, Ihre Kenntnisse erweitern und soziale Kontakte knüpfen. Für jede geleistete Arbeitsstunde in einem Zusatzjob erhalten Sie zusätzlich zu Ihrem Arbeitslosengeld II eine angemessene finanzielle Entschädigung. Wenn Sie einen Zusatzjob annehmen, erhalten Sie weiterhin Arbeitslosengeld II und die Kosten für Unterkunft und Heizung. Selbstverständlich bleiben Sie weiterhin kranken-, pflege- und rentenversichert.

In Ihrer Eingliederungsvereinbarung werden die Dauer und Zielsetzung des Zusatzjobs festgehalten.

Bekomme ich einen Arbeitsvertrag?

Nein, weil es sich nicht um ein Arbeitsverhältnis handelt. Sie erhalten einen berufspraktischen Einsatzplan mit den wesentlichen Informationen zu Ihrem Zusatzjob. Darin werden unter anderem Beginn und Dauer, Einsatzorte, Umfang und Verteilung der Arbeitszeit, Arbeitsinhalte, Höhe der Mehraufwandsentschädigung, Arbeitsschutz, Haftung, Unfallversicherung und Urlaub festgehalten.

Was bekomme ich für meine Tätigkeit?

Sie erhalten eine Mehraufwandsentschädigung für jede geleistete Arbeitsstunde. Die Höhe kann unterschiedlich sein und richtet sich nach den örtlichen Gegebenheiten. Zusätzlich zu dieser Pauschale werden das Arbeitslosengeld II, die Beiträge zur Kranken-, Renten- und Pflegeversicherung, sowie die Kosten für Unterkunft und Heizung weiter gezahlt.

Was ist Zeitarbeit

Diese alternative Beschäftigungsform gibt es in Deutschland bereits seit Anfang der 60er Jahre. Zeitarbeitsfirmen funktionieren nach einem einfachen System: Ein Unternehmen sucht für einen gewissen Zeitraum Personal, um seine Aufträge und Projekte abarbeiten zu können. Die Gründe dafür können vielfältig sein: Urlaub, Krankheit oder Schwangerschaft fest angestellter Mitarbeiter und Mitarbeiterinnen können zu Engpässen im Unternehmen führen.

Die suchende Firma wendet sich an ein Zeitarbeitsunternehmen und fordert geeignete Arbeitskräfte leihweise an. Dafür erhält die Zeitarbeitsfirma ein Entgelt von der Firma. Beide Parteien gehen damit einen sog. Arbeitnehmerüberlassungsvertrag" ein. Darin werden die Dauer des Einsatzes, die geforderte

Qualifikation und der Lohn festgelegt.

Der Zeitarbeitnehmer ist bei dem Zeitarbeitsunternehmen in der Regel auf unbefristete Zeit fest angestellt. Zwischen beiden existiert ein normaler Arbeitsvertrag. Darin ist unter anderem die Vergütung vereinbart, die der Zeitarbeitnehmer auch dann erhält, wenn er gerade nicht im Einsatz ist.

Für wen ist Zeitarbeit interessant?

Zeitarbeitsfirmen bieten Jobs aller Art für jedermann an, egal ob man Berufseinsteiger ist oder bereits viele Jahren im Arbeitsleben gestanden hat. Vom Ungelernten über den Facharbeiter bis hin zu Führungskräften vermitteln Zeitarbeitsunternehmen Arbeitssuchende an Firmen im In- und Ausland. Neben finanziellen Nöten belastet Arbeitslose vor allem das Gefühl, "nutzlos" zu sein. Zeitarbeit kann für sie ein Sprungbrett in die Arbeitswelt sein. Man knüpft Kontakte zu Firmen, bildet sich weiter und erfährt von internen Stellenausschreibungen. Zudem lernt man, im Job flexibel zu sein und stärkt sein Selbstwertgefühl. Zeitarbeitsverhältnisse bieten mitunter auch die Möglichkeit auf einen Wechsel in eine Festanstellung bei der Firma, die den Zeitarbeitsnehmer ausgeliehen hat. Frauen mit Kindern tragen die Hauptlast bei der Kindererziehung und der Haushaltsführung.

Dadurch können sie zeitweise nicht mehr aktiv im Berufsleben stehen und haben es deshalb besonders schwer, nach der Babypause eine neue Anstellung zu finden. Firmen befürchten mitunter, dass Frauen durch die Zeiten der Kindererziehung fachlich den Anschluss verloren haben könnten und aufgrund ihrer Kinder nicht so flexibel einsetzbar sind. Zeitarbeit bietet Müttern die Gelegenheit, beim beruflichen Wiedereinstieg dieses weit verbreitete Vorurteil auszuräumen.

Ein weiterer Vorteil: Den entleihenden Betrieb interessiert die familiäre Situation der Zeitarbeitnehmerin nicht, denn die soziale Verantwortung liegt allein beim Zeitarbeitsunternehmen, falls die Frau z.B. wegen Krankheit der Kinder nicht zur Arbeit kommen kann. Berufsanfänger, besonders junge Leute ohne Berufserfahrung, haben es bei der heutigen Arbeitsmarktlage schwer, eine Anstellung zu finden. Viele Unternehmen setzen in Stellenausschreibungen eine mehrjährige Berufspraxis voraus. Ohne Erfahrung im Job sieht es im Bewerbungsgespräch schlecht aus. Mit der Zeitarbeit erhalten die jungen Menschen die Möglichkeit, verschiedene Tätigkeiten zu erproben und Praxiserfahrungen zu sammeln. Durch den häufigen Wechsel der Aufgaben und Firmen werden Kommunikation, Kundenorientierung und Teamfähigkeit trainiert - Schlüsselqualifikationen, die jedes moderne Unternehmen voraussetzt.

Gelegenheitsjobber Zeitarbeitsunternehmen

schließen auch befristete Kurzeitverträge ab. Damit bietet sich für Sudenten oder Schüler die Möglichkeit, ihre finanzielle Situation zu verbessern. Zudem erhalten sie einen Einblick in die verschiedensten Branchen, was für eine spätere Berufswahl von Vorteil ist.

Nach erfolgreicher Einarbeitung können auch verantwortungsvollere Tätigkeiten an die jungen Kollegen auf Zeit übertragen werden. Daraus kann sich durchaus ein regelmäßiger Anschlussjob für die nächsten Ferien oder die Semesterpause ergeben.

Welche Vorteile bietet Zeitarbeit?

Zeitarbeit bietet die Chance, den Anschluss an das Berufsleben nicht zu verlieren oder ganz neu ins Arbeitsleben einzusteigen. Durch die verschiedenen Tätigkeiten sammeln die Arbeitnehmer viele neue Berufserfahrungen. Zeitarbeitnehmer erhalten eine volle soziale Absicherung, wie Kranken-, Renten-, Unfall-, Arbeitslosen- und Pflegeversicherung durch das Zeitarbeitsunternehmen. Es gibt bezahlten Urlaub und Zuschläge für Sonn- und Feiertagsarbeit. Zudem erfolgt eine Lohnfortzahlung bei Nichteinsatz. Für Zeitarbeiter gilt der gesetzliche Kündigungsschutz.

Es gelten die gleichen Rechte und Pflichten, wie bei jedem anderen Arbeitsverhältnis. Die gesetzlichen Grundlagen sind im Arbeitnehmerüberlassungsgesetz festgehalten. Darüber hinaus bieten viele Zeitarbeitsunternehmen Weiterbildungen an.

Welche Nachteile hat Zeitarbeit?

Das größte Manko der Zeitarbeit ist die meist niedrigere Bezahlung. Knappe Einarbeitungszeiten und eine hohe berufliche Belastung sind eine weitere Kehrseite. Zudem muss sich der Arbeitnehmer bei häufigem Jobwechsel immer wieder auf ein neues Arbeitsumfeld und auf neue Kollegen einstellen. Darüber hinaus haben nicht alle Zeitarbeitsfirmen einen Betriebsrat, der sich für die Rechte der Arbeitnehmer im Streitfall, wie z.B. bei Kündigungsschutz oder Mutterschaftsurlaub, einsetzt.

Wie findet man das richtige Zeitarbeitsunternehmen?

In Zeitungen und Internet gibt es die verschiedensten Inserate, die für Zeitarbeitsfirmen werben. Dabei sollte man allerdings aufpassen, das man eine seriöse Zeitarbeitsfirma findet, denn in diesem Gewerbe gibt es zahlreiche "schwarze

Schafe". Nur Zeitarbeitsunternehmen mit einer Lizenz zur Arbeitskräfteüberlassung dürfen einstellen. Deshalb ist es ratsam, sich die entsprechende Erlaubnis zeigen zu lassen. Verpflichtet man sich bei einer Zeitarbeitsfirma, die diese Lizenz nicht besitzt, erhält der Arbeitnehmer oft keine soziale Absicherung und bekommt im schlimmsten Fall seinen Lohn nicht ausgezahlt.

Bundesverband Zeitarbeit Personaldienstleitungen e.V. (BZA)

Seriöse Zeitarbeitsunternehmen in Deutschland sind Mitglied des Bundesverbandes Zeitarbeit Personaldienstleistungen e.V.

Damit garantieren sie besondere Qualitätsmerkmale und Sozialstandards. Über den BZA können die verschiedensten Zeitarbeitsfirmen und ihre Angebotsprofile erfragt werden. Seit über 30 Jahren fördert der Verband den Ausbau von Personal-Dienstleistungen und beteiligt sich an Verhandlungen mit Gesetzgebern, Parteien oder Verbänden zu aktuellen Arbeitsmarktdiskussionen. Daneben kann der BZA auch Tarifverträge abschließen.

Adressen für Zeitarbeit

Bundesverband Zeitarbeit
Personal-Dienstleistungen e.V.
Prinz-Albert-Straße 73
53113 Bonn
Tel: (0228) 7 66 12-0
Fax: (0228) 7 66 12-26
E-Mail: info@bza.de
www.bza.de

iGZ-Bundesgeschäftsstelle
Erphostraße 56
48145 Münster
Tel.: 0251 / 98112-0
Fax: 0251 / 98112-29
Email: **info@ig-zeitarbeit.de**
http://www.ig-zeitarbeit.de

A b n personal organisation gbr

Breite Str. 2

30159 Hannover

fon: 0511-2200153

fax: 0511-22001559

www.abn-hannover.de

A-Plus Personaldienstleistung GmbH

Rosenheimer Straße 30 | 81669 München

Tel.: 089-45 99 76-0 | Fax: 089-45 99 76-20

www.a-plus-gmbh.de

Athanasiou Personal Service

Inhaber Athanasios Athanasiou

Obere Paulusstr. 126

70197 Stuttgart

Telefon: 0711 / 620 55 10

Fax : 0711 / 620 55 09

E-mail : A-P-Service@web.de

http://www.aps-service.de/

ABACUS Personal-Management GmbH

Büro City

Lilienstr. 36

20095 Hamburg

Tel. (040) 32 38 32

Fax (040) 32 36 49

Büro Bergedorf

Kupferhof 1

21029 Hamburg

Tel. (040) 724 00 02

Fax (040) 724 00 70

Email: info@abacus-personal.de

Internet: www.abacus-personal.de

Runtime Deutschland GmbH

Martinistraße 57

28195 Bremen

Tel.: 0421-204 88-0

Fax: 0421-243 90 04

info@runtimegroup.com

www.runtimegroup.com

Randstad Deutschland GmbH

www.randstad.de

Adecco Personaldienstleistungen GmbH

Abtstor 2

36037 Fulda Telefon: +49 661 / 9398-0 Telefax: +49 661 / 9398-100 E-Mail**:** info@adecco.de

www.adecco.de

Alpha Zeitarbeit GmbH

Telefon: +49(0)221 938138 0

Telefax: +49(0)221 938138 11

www.alpha-zeitarbeit-koeln.de

Manpower GmbH & Co. KG

Personaldienstleistungen

Kurt-Schumacher-Straße 31

D-60311 Frankfurt

Tel.: +49 (69) 15303 0

Fax: +49 (69) 15303 330

Tintschl AG

Goerdelerstr. 21

D-91058 Erlangen

Telefon: +49-9131-8 12 49 0

Hilfe in Notsituationen durch Stiftungen

In Notsituationen bekommt man von karitativen Einrichtungen, wie z.B. die Caritas und Diakonie eine Hilfestellung. In manchen Fällen sind Lebensmittelgutscheine oder eine Hilfe in Höhe von 5 bis 20 Euro möglich.

Diakonisches Werk der Evangelischen Kirche in Deutschland e. V.

Stafflenbergstraße 76

70184 Stuttgart

Telefon: (0711) 2159-0

Fax: (0711) 2159-288

E-Mail: diakonie@diakonie.de

Deutscher Caritasverband e.V.

Karlstraße 40

79104 Freiburg

Deutschland

Telefon: +49(0)761/200-0

Internetseite:www.caritas.de

E-Mail: info@caritas.de

Die karitative Einrichtung, die für Sie zuständig ist, erfahren Sie bei den oben genanten Verbänden. Sollten Sie finanzielle Hilfe für eine größere Anschaffung benötigen, können Sie einen Antrag bei einer Stiftung stellen. Die Stiftungen sind von Firmen oder von Privatpersonen gegründet worden um Not leidende Menschen finanziell zu helfen. Diese Hilfe richtet sich an Geringverdiener, Arbeitslosengeld II-Empfänger oder an Menschen, die unverschuldet in Not geraten sind.

Für was kann man Gelder beantragen?

1. Kleider, Möbel, Wohnungsgegenstände

2. Schulausflüge

3. Waschmaschine, Autoreparatur

4. Umzugskosten / Kaution für eine neue Mietwohnung

5. Behindertengerechte Küche / Rampen / Umbau des Autos

6. Strom- und Wasserkosten (Mietwohnung)

7. Schulden

Wie beantrage ich die finanzielle Hilfe?

Bei der Stiftung muss die Notsituation nachgewiesen werden. Dies wird dann mit Hilfe der Caritas bzw. Diakonie gegenüber der Stiftung nachgewiesen. Sie müssen folgende Unterlagen mitbringen und diese mit einem Sozialbericht der Sozialeinrichtung an die Stiftung zusenden:

1. Kontoauszüge der letzten 3 Monate

2. Einkommen / Rentenbescheid / Hartz-IV-Bescheid / Arbeitslosenbescheid / Lohnabrechnung

3. Schwerbehindertenausweis / Pflegestufenachweis, wenn vorhanden

4. Kostenvoranschläge für was Sie das Geld benötigen

Die Gelder der Stiftungen sind freiwillige Leistungen und Sie haben darauf keinen Rechtsanspruch.

Stiftungen

Wilhelm Oberle-Stiftung

Hauptstraße 56

D-79219 Staufen

Tel. 07633-981700

Fax 07633-981701

info@oberle-stiftung.de

www.oberle-stiftung.de

Einzelhilfe – Darlehen

• Darlehen zur Finanzierung von Vergleichszahlungen

• Führerschein und Fahrzeugdarlehen bei beruflicher Notwendigkeit

• Mietkaution

Otto und Lonny Bayer Stiftung

Hemmelrather Weg 201/Geb. 1

51377 Leverkusen

Tel.: 0214/7079824 (Anrufbeantworter)

Fax: 0214/87099046

www.otto-und-lonny-bayer-stiftung.de

Nach welchen Kriterien eine Unterstützung erfolgt

Die Stiftung strebt mit ihren Zuwendungen eine möglichst wirksame und nachhaltige Hilfe für die Antragsteller an. Die Frage nach der Ursache der Notlage - eigenes Verschulden oder Versagen - ist für die Vergabe von Mitteln kein Kriterium. Wichtig ist, dass vor der Antragstellung alle öffentlichen und privaten Mittel ausgeschöpft wurden und dies auch angegeben wird. Sind Anträge auf Förderung abgelehnt worden, sollte auch der Ablehnungsbescheid den Antragsunterlagen beigefügt werden.

Die Höhe der Zuwendung bestimmt jeweils der konkrete Fall. Da die Zahl der Anträge kontinuierlich zunimmt, ohne dass die finanziellen Mittel der Stiftung in gleichem Maße steigen, kann die Stiftung nicht in jedem Fall alle Anliegen eines Antragstellers erfüllen.

Franz Beckenbauer-Stiftung

Postfach 70 02 20

D-81302 München

Telefax: (+49) 89 7858 6464

www.beckenbauer-stiftung.de

Aufgaben der Franz Beckenbauer-Stiftung

Die Franz Beckenbauer-Stiftung hat es sich zur Aufgabe gemacht, finanzielle und ideelle Hilfe zu leisten. Diese soll geistig, seelisch oder körperlich behinderten sowie bedürftigen und unverschuldet in Not geratenen Menschen zuteil werden.

Alle Hilfen erfolgen schnell und zielgerichtet. Die Stiftung arbeitet dabei auch mit anderen gemeinnützigen Organisationen zusammen.

Wilhelm Müller-Altvatter-Stiftung

Rosmarie Schwarz,

Vorstandsvorsitzende

Azenbergstraße 41 a

70174 Stuttgart

Telefon 0711/226 38 23

Telefax 0711/226 58 64

Die Wilhelm Müller-Altvatter-Stiftung ist eine Förderstiftung. Sie ist lokal bis landesweit tätig und fördert christlich geführte Kinderdörfer, sowie Alten- und Pflegeheime. Die Stiftung unterstützt auch unverschuldet in Not geratene Familien und hilfsbedürftige alte oder kranke Menschen. Außerdem gehören zum Stiftungsauftrag zweckgebundene Zuwendungen an kirchliche oder gemeinnützige Organisationen, an Gemeinden oder an medizinische Institutionen.

OVB-Hilfswerk " Menschen in Not e.V."

c/o OVB Vermögensberatung AG

Frau Antje Schweitzer

Heumarkt 1

50667 Köln

Telefon: +49 (0) 221/ 20 15-153

Telefax:: +49 (0) 221/ 20 15-138

E-Mail: ovb-hilfswerk@ovb.de

Das OVB-Hilfswerk ist seit seiner Gründung 1983 ein verlässlicher Ansprechpartner für zahlreiche Hilfsorganisationen und bedürftige Einzelpersonen.

Unterstützungsfond des Bundespräsidenten

Spreeweg 1 11010 Berlin

Tel.: 030/2000-0

Heinz und Mia Krone-Stiftung

Ungererstraße 42

80802 München

Tel. 089 / 55 27 78 27 (Carolin Dworzak)

Fax 089 / 55 27 78 22

Die Heinz und Mia Krone-Stiftung unterstützt körperbehinderte Einzelpersonen, die früher gehen konnten und inzwischen durch einen Unfall oder eine Krankheit dauerhaft auf den Rollstuhl angewiesen sind. rollstuhlspezifische Maßnahmen oder Mittel im häuslichen Umfeld, die aufgrund des Rollstuhls notwendig geworden sind. Das können beispielsweise sein:

ein behindertengerechtes Auto (Umbau oder Mitfinanzierung beim Kauf)

Umbauten im Wohnbereich, z.B. Einbau eines Liftes, Bad- oder Küchenumbau

Türverbreiterungen, Rampe zur Haustür u. v. a. Übernahme von anfallenden Kosten, z. B. für erforderliche Gutachten, um mit einem umgebauten Auto fahren zu können.

Ziel ist die Rückkehr in einen aktiven, selbstbestimmten Lebensprozess, der durch die rollstuhlspezifische Maßnahme ermöglicht wird.

Voraussetzung für eine Unterstützung ist, dass der Antragsteller keine oder nicht genügend eigene Mittel für die benötigte Maßnahme hat. Die Bezahlung erfolgt immer direkt an den Hersteller oder Lieferanten. Bitte beachten Sie, dass die Stiftung nachrangig fördert, das heißt erst dann, wenn eine Förderung nur für einen Teilbetrag oder eine begründete Ablehnung durch staatliche Stellen oder Kranken- bzw. Pflegekassen vorliegt (z.B. Sozialamt, BfA, LVA, Integrationsamt, Kranken- und Rentenkassen etc.).

Fördergemeinschaft der Querschnittgelähmten in Deutschland e.V.

Silcherstr. 15

67591 Mölsheim

Tel.: (0 62 43) 52 56

Fax: (0 62 43) 90 59 20

Fördergemeinschaft der Querschnittgelähmten in Deutschland e.V. FGQ

Einzelfallhilfe für in Not geratene Querschnittsgelähmte (Voraussetzung: Mitgliedschaft im FGQ)

Elfriede-Breitsameter-Stiftung

Obere Hauptstr.10 B

85386 Eching

089 32 7137 0

Der Stiftungszweck in Form einer finanziellen Unterstützung soll vornehmlich den Menschen zugute kommen, die an Poliomyelitis oder auch an multipler Sklerose erkrankt sind.

Dabei soll in erster Linie wirklich bedürftigen Personen geholfen werden, also denen, die keinerlei Gelder von Staat oder Krankenkasse aufgrund ihrer Erkrankung erhalten, um durch geeignete Maßnahmen ihr Leben etwas zu erleichtern, was insbesondere durch die Stellung und Finanzierung von Pflegepersonal, Medikamenten, Hilfsmitteln (z.B. Rollstuhl) u. ä. gewährleistet wäre. Wenn Sie Hilfe benötigen, teilen Sie uns bitte Ihre Einkommens- und Vermögensverhältnisse unter Vorlage von entsprechenden Nachweisen, sowie von ärztlichen Attesten und Ihrem Schwerbehindertenausweis mit.

Wir helfen Ihnen nach Möglichkeit auch kurzfristig und unbürokratisch. Bitte wenden Sie sich unter Vorlage der folgenden Unterlagen über die hier veröffentlichten Kontaktmöglichkeiten an uns.

Hans Rosenthal-Stiftung

Postfach 45 04 04

12174 Berlin

TELEFON: 0049 (0)30 772 43 55

TELEFAX: 0049 (0) 30 772 44 51

Die Vergabepraxis:

Die Hans-Rosenthal-Stiftung unterstützt unverschuldet in Not geratene Menschen aus Deutschland, Österreich und der Schweiz.

Stiftungen nur für Bayern und München

Marianne Strauß Stiftung Unterstützung von Familien und Einzelpersonen in Bayern, die unschuldig in Not geraten sind

Marianne Strauß Stiftung

Oettingenstraße 22

80538 München

TELEFON | FAX

TELEFON +49 (0) 89 - 29 49 67

Sozialberatungsstellen

Der Deutsche Caritasverband e.V.

Der größte Wohlfahrtsverband Deutschlands organisiert die soziale Arbeit der katholischen Kirche.

Not sehen und handeln - Caritas. Das ist der Leitspruch des größten Wohlfahrtsverbandes in Deutschland mit fast 500.000 hauptamtlichen Mitarbeitern und nochmals 500.000 Ehrenamtlichen. Damit ist die Caritas auch der größte Arbeitgeber im Land. Aber kein Wohltätigkeitskonzern. Denn die Mitarbeiter verteilen sich auf weit über 20.000 Beratungsstellen, Sozialstationen, Heime...Sie sind rechtlich selbständig und gestalten ihre Angebote, wie sie vor Ort benötigt werden. Auf den folgenden Seiten finden Sie Informationen zum Leitbild der Zentrale des Deutschen Caritasverbandes, zur Geschichte und Struktur und zu den Arbeitsvertragsrichtlinien der Caritas.

Deutscher Caritasverband e.V.

Karlstraße 40

79104 Freiburg

Deutschland

Telefon: +49(0)761/200-0

Internetseite: www.caritas.de

E-Mail: info@caritas.de

Diakonisches Werk der Evangelischen Kirche in Deutschland e. V.

Stafflenbergstraße 76

70184 Stuttgart

Telefon: (0711) 2159-0

Fax: (0711) 2159-288

E-Mail: diakonie@diakonie.de

http://www.diakonie.de

Vitawo GmbH
Schützenstr. 39 b
58239 Schwerte

Fon: 02304-594014
Fax: 02304-594112

E-Mail: vitawo@tippund.info
URL: www.vitawo.de

SGB II Informationen im Internet

http://www.hartzkritik.de

http://www.bag-shi.de/hilfe

http://www.arbeitslosen.info

http://www.sozialhilfe24.de

http://www.gegen-hartz.de

http://www.alg-2.info

http://www.arbeitslosennetz.de

http://www.sozialticker.com

http://www.hartz4-forum.de

http://www.arbeitsagentur.de

http://www.grundeinkommen-hartz4.de

"Ideen für ein besseres Leben bei Schulden"

Das Guthabenkonto

Die erzwungene Kontolosigkeit vieler Verbraucher hat negative soziale und wirtschaftliche Folgen für Deutschland. Daher plante die Bundesregierung schon 1995, ein Gesetz zu erlassen, das jedem Bürger das Recht auf ein Konto auf Guthabenbasis gewährt. Auch überschuldete und gepfändete Personen oder solche mit negativem Schufa-Eintrag sollten ein Konto führen dürfen.

Die Spitzenverbände der Banken und Sparkassen wollten eine gesetzliche Regelung vermeiden. Sie kamen daher dem Gesetzgeber entgegen, der im Gegenzug auf ein Gesetz verzichtete. So wurde 1996 vom Zentralen Kreditausschuss der Banken und Sparkassen (ZKA) eine freiwillige Selbstverpflichtung erarbeitet, die bis heute gültig ist.

Nach dieser Empfehlung des ZKA kann jeder ein so genanntes "Girokonto für Jedermann" einrichten. Im Wortlaut heißt es da:

"Alle Kreditinstitute, die Girokonten für alle Bevölkerungsgruppen führen, halten für jede/n Bürgerin/Bürger in ihrem jeweiligen Geschäftsgebiet auf Wunsch ein Girokonto bereit. Der Kunde erhält dadurch die Möglichkeit zur Entgegennahme von Gutschriften, zu Barein- und -auszahlungen und zur Teilnahme am Überweisungsverkehr. Überziehungen braucht das Kreditinstitut nicht zuzulassen. Jedem Institut ist es freigestellt, darüber hinausgehende Bankdienstleistungen anzubieten."

"Die Bereitschaft zur Kontoführung ist grundsätzlich gegeben, unabhängig von Art und Höhe der Einkünfte, z. B. Arbeitslosengeld, Sozialhilfe. Eintragungen bei der Schufa, die auf schlechte wirtschaftliche Verhältnisse des Kunden hindeuten, sind allein kein Grund, die Führung eines Girokontos zu verweigern."

"Das Kreditinstitut ist nicht verpflichtet, ein Girokonto für den Antragsteller zu führen, wenn dies unzumutbar ist. In diesem Fall darf die Bank auch ein bestehendes Konto kündigen. Unzumutbar ist die Eröffnung oder Fortführung einer Kontoverbindung insbesondere, wenn der Kunde die Leistungen des Kreditinstituts missbraucht, insbesondere für gesetzwidrige Transaktionen, z. B. Betrug, Geldwäsche o. a., der Kunde Falschangaben macht, die für das Vertragsverhältnis wesentlich sind, der Kunde Mitarbeiter oder Kunden grob belästigt oder

gefährdet, die bezweckte Nutzung des Kontos zur
Teilnahme am bargeldlosen Zahlungsverkehr nicht
gegeben ist, weil z. B. das Konto durch
Handlungen vollstreckender Gläubiger blockiert ist
oder ein Jahr lang umsatzlos geführt wird, nicht
sichergestellt ist, dass das Institut die für die
Kontoführung und -nutzung vereinbarten üblichen
Entgelte erhält, der Kunde auch im Übrigen die
Vereinbarungen nicht einhält."

Immer mehr Menschen geraten in die
Schuldenfalle oder in finanzielle Schwierigkeiten.
Und damit beginnt der Teufelskreis: Schufa-
Eintrag, Forderungsverfolgung der Gläubiger,
Kontokündigung.

Die Banken handeln dabei schnell und hart. Und
ist das Konto einmal gekündigt, ist für Betroffene
auch bei anderen Banken Tür und Tor verriegelt.

Die Folge ist ein Leben ohne Girokonto - der erste
Schritt ins soziale Aus.

Die EthikBank hat sich diesem gesellschaftlichen
Problem angenommen und eine Problemlösung
geschaffen. Das MikroKonto ist das Girokonto auf
Guthabenbasis für alle Betroffenen, die sich
ernsthaft bemühen, aus diesem Teufelskreis
auszubrechen.

Wir eröffnen das MikroKonto für
vertrauenswürdige Menschen, deren Girokonto
von der Hausbank gekündigt wurde oder die
Schwierigkeiten haben, überhaupt ein Girokonto

zu bekommen. Voraussetzung ist, dass der Wille besteht, die finanziellen Probleme durch eine Privatinsolvenz oder eine außergerichtliche Regelung mit den Gläubigern zu lösen. Ihren guten Willen dokumentieren Sie uns durch eine der drei in der Tabelle genannten Nachweise/Bestätigungen:

Außergerichtliche Regulierung der Schulden mit den Gläubigern; Gerichtliches Schuldenbereinigungsverfahren; Privates Insolvenzverfahren/Verbraucherinsolvenzverfahren

Bestätigung einer Schuldnerberatung oder Verbraucherzentrale auf der Rückseite des Kontoeröffnungsantrages, dass mit allen Gläubigern eine schriftliche, außergerichtliche Schuldenregulierung getroffen wurde und ein Insolvenzverfahren nicht eröffnet wurde.

Beschluss über die Feststellung des gerichtlichen Schuldenbereinigungsplanes durch das Insolvenzgericht.

Wenn Sie keine Restschuldbefreiung beantragt haben:

Beschluss über die Eröffnung und Beschluss über die Aufhebung des Insolvenzverfahrens bzw. Verbraucherinsolvenzverfahrens

Wenn Sie Restschuldbefreiung beantragt haben:

Beschluss über die Eröffnung und Beschluss über die Aufhebung des Insolvenzverfahrens /

Verbraucherinsolvenzverfahrens und Beschluss über die Ankündigung der Restschuldbefreiung

EthikBank

Zweigniederlassung der Volksbank Eisenberg eG

Martin-Luther-Straße 2

07607 Eisenberg

Telefon: 036691-862345

Telefax: 036691-862347

Quelle: Ethik Bank Juli 2008

Die Wirecard Bank

Als Internet-Bank bietet die Wirecard Bank ein Leistungsspektrum, das durch Individualität und Flexibilität überzeugt: attraktive Prepaid-, Kredit- und Debitkarten. Die Wirecard Bank ermöglicht es Ihnen, alle Vorteile einer Direktbank zu nutzen:

Das Prepaid Trio - Cash Konto plus Visa - und ec-/Maestro Karte - ist für jedermann ohne Einkommensnachweis, auch bei negativer Bonität, erhältlich und kann in weltweit mehr als 24 Millionen Akzeptanzstellen eingesetzt werden. Mit diesem leistungsstarken Paket für Ihre Finanzen behalten Sie stets die Kontrolle über Ihre Ausgaben – denn mit dem Prepaid Trio sind Sie immer im Plus. Mit Wirecard, der virtuellen MasterCard, bezahlen Sie weltweit bei Millionen Shops im Internet sowie zahlreichen Versandhändlern und erledigen internationale Geldtransfers in Echtzeit. Die Wirecard können Sie online innerhalb weniger Sekunden beantragen.

Das Privatkunden-Konto der Wirecard Bank steht Ihnen online 24 Stunden am Tag weltweit für Ihre Geldgeschäfte zur Verfügung. Fairness und Transparenz bei der Gestaltung unserer Produkte und Konditionen sind die Grundlagen der Privatkunden-Philosophie unserer Internet-Bank.

Name und Anschrift der Bank

Wirecard Bank AG

Bretonischer Ring 4

85630 Grasbrunn

Telefon: +49 (0)1805 - 558 390

Fax: +49 (0)1805 - 470 499

E-Mail: service@wirecardbank.com

Internet: www.wirecardbank.com

Verfahren der Privatinsolvenz

Bei der so genannten Privatinsolvenz, die offiziell Verbraucherinsolvenz heißt, handelt es sich um ein vereinfachtes Insolvenzverfahren, dass in der Insolvenzordnung (InsO) geregelt ist.

Ziel der Privatinsolvenz ist es, hoch verschuldeten Privatpersonen nach einer gewissen Zeit einen Neuanfang zu ermöglichen, indem der Schuldner nach Ablauf der so genannten Wohlverhaltensperiode und Abschluss des Insolvenzverfahrens von der Pflicht zur Tilgung der restlichen Schulden befreit wird (Restschuldbefreiung), frühestens jedoch nach sechs Jahren nach Eröffnung des Insolvenzverfahrens.

Voraussetzungen der Privatinsolvenz

Das Verfahren der Privatinsolvenz steht natürlichen Personen (Verbrauchern) und ehemaligen Selbstständigen und Kleingewerbetreibenden offen, sofern diese weniger als 20 Gläubiger und keine Verbindlichkeiten aus Beschäftigungsverhältnissen mit Arbeitnehmern haben (§ 304 I InsO).

Ablauf der Privatinsolvenz

Der Ablauf des Insolvenzverfahrens bei der Privatinsolvenz lässt sich im Wesentlichen in vier Schritte gliedern:

Versuch der außergerichtlichen Einigung

Im ersten Schritt muss der Schuldner mithilfe eines so genannten Schuldenbereinigungsplans versuchen, sich außergerichtlich mit den Gläubigern über eine Rückzahlung der Schulden zu einigen. Hierzu muss sich der Schuldner an einen spezialisierten Rechtsanwalt oder öffentlich anerkannte Schuldnerberatungsstelle wenden, denn nur diese sind berechtigt, ihm die für den weiteren Verlauf des Insolvenzverfahrens nötige Bescheinigung über das Scheitern des Versuchs einer außergerichtlichen Einigung auszustellen. Verfügt der Schuldner nicht über ausreichen finanzielle Mittel zu Zahlung einer anwaltlichen Beratung, ist zu prüfen, ob gegebenenfalls Anspruch auf Beratungshilfe besteht.

Im Schuldenbereinigungsplan werden alle Einnahmen und Ausgaben des Schuldners aufgelistet. Es wird festgehalten, wie und in welcher Höhe der Schuldner die offenen Verbindlichkeiten abbauen kann und will.

Wird dieser Plan von mindestens einem der Gläubiger abgelehnt oder betreibt ein Gläubiger nach Zustellung des Plans weiter die Zwangsvollstreckung, gilt der Schuldenbereinigungsplan als gescheitert (dies ist oftmals der Fall). Nun kann der Rechtsanwalt oder die Schuldnerberatungsstelle das Scheitern des Schuldenbereinigungsplans bescheinigen. Sobald diese Bescheinigung vorliegt, kann die Eröffnung des Insolvenzverfahrens beim zuständigen Insolvenzgericht beantragt werden (Insolvenzeröffnungsantrag).

Gelingt hingegen eine außergerichtliche Einigung zwischen Schuldner und Gläubiger ist das Verfahren an dieser Stelle beendet. Die Abwicklung der Verbindlichkeiten folgt dann dem Schuldenbereinigungsplan.

Gerichtliches Schuldenbereinigungsverfahren

Vor der Eröffnung des Insolvenzverfahrens prüft das Gericht, die Erfolgsaussichten eines gerichtlichen Schuldenbereinigungsplans. Nimmt das Gericht eine solche Aussicht aus Erfolg an, werden der gerichtliche Schuldenbereinigungsplan, sowie das Vermögensverzeichnis den Gläubigern zugestellt. Diese können nun innerhalb von vier Wochen dazu Stellung nehmen und den Plan gegebenenfalls ablehnen. Wird der Plan nicht von mindestens der Hälfte der Gläubiger abgelehnt, kann das Gericht deren Zustimmung auf Antrag des Schuldners ersetzen. Die Hälfte der Gläubiger bestimmt sich hier nicht nach deren Anzahl, sondern nach der Höhe und Anzahl der Forderungen.

Vereinfachtes Insolvenzverfahren (Privatinsolvenz)

Wurde auch der gerichtliche Schuldenbereinigungsplan nicht angenommen, wird nun das Verfahren der Privatinsolvenz (vereinfachtes Insolvenzverfahren) eröffnet und durch Bekanntmachung verkündet. Das pfändbare Vermögen des Schuldners nach Abzug der Verfahrenskosten verwertet, also an die Gläubiger ausgegeben. Hierzu wird ein Treuhänder eingesetzt. Dieser erstellt eine Aufstellung aus Gläubigern, Forderungshöhen und Forderungsgründen (Insolvenztabelle) und verwaltet das Vermögen des Schuldners zu verwerten.

Verfahren der Restschuldbefreiung und Wohlverhaltensperiode

Eine Privatinsolvenz wird in der Regel durchgeführt, um im Anschluss daran eine Restschuldbefreiung zu beantragen und zu erlangen. Das Restschuldbefreiungsverfahren besteht aus einer sechsjährigen so genannten Wohlverhaltensphase, die mit Eröffnung des Insolvenzverfahrens beginnt. Während dieser Zeit muss der Schuldner den pfändbaren Teil seines Einkommens sowie die Hälfte ihm zufallender Erbteile an den Treuhänder abtreten. Dieser schüttet Geld dann gemäß der in der Insolvenztabelle festgelegten Quote an die Gläubiger aus.Nach Ablauf der

Wohlverhaltensphase kann der Schuldner die Restschuldbefreiung beantragen.

Im Schlusstermin können die Gläubiger, gestützt auf einen der Gründe in § 290 InsO die Versagung der Restschuldbefreiung beantragen.

Gründe zu Versagung der Restschuldbefreiung sind unter anderem: rechtskräftige Verurteilung des Schuldners aufgrund einer Insolvenzstraftat. falsche Angaben über wirtschaftliche Verhältnisse, um Leistungen und Kredite zu erhalten oder Zahlungen auszusetzen. Verschwendung von Vermögen und somit unnötig gemachte Schulden. Verletzung von Auskunfts- und Mitwirkungspflichten.

Erhalt oder Versagung einer Restschuldbefreiung innerhalb der letzten zehn Jahre Erfolgt kein solcher Antrag, bzw. sind solche Anträge unbegründet kündigt das Gericht die Restschuldbefreiung an.

Das Gericht versagt die Restschuldbefreiung, wenn einer der in § 290 InsO genannten Gründe vorliegt. Wird kein (begründeter) Antrag auf Versagung der Restschuldbefreiung gestellt, wird die Restschuldbefreiung angekündigt.

Nach dem Schlusstermin und der Verteilung der Masse wird das Verfahren aufgehoben.

Automatischer Pfändungsschutz bei Sozialeinkommen:

Werden dem Schuldner auf sein Konto Arbeitslosengeld, ALG II, Sozialhilfe, Kinder-, Erziehungsgeld oder andere Sozialbezüge überwiesen, dürfen nach § 55 I, II SGB I die Beträge nach innerhalb der ersten sieben Tagen nach Kontoeingang nicht gepfändet werden. Der Schuldner muss hier also seinen Kontoeingang gut überwachen. So kann er die Bezüge rechtzeitig abheben oder im knappen Zeitfenster die notwendigen Überweisungen (z.B. Miete) veranlassen.

Sollte die Bank die Auszahlung verweigern, sind der Bank entsprechende Bewilligungsbescheide nachzuweisen. So kann sich die Bank überzeugen, dass es sich um Sozialleistungen handelt. Bei weiterer Weigerung ist notfalls sofort mit Hilfe der Rechtsantragsstelle des Amtsgerichts, eines Anwalts per Beratungshilfeschein oder einer Schuldnerberatungsstelle einstweiliger Rechtsschutz bei Gericht zu beantragen (Erinnerung nach § 766 ZPO).

Pfändungsgrenzen für Arbeitseinkommen

Aus der in dieser Broschüre abgedruckten Tabelle ergeben sich die ab 1. Juli 2005 bis zum 30. Juni 2009 geltenden Pfändungsgrenzen für Arbeitseinkommen, jeweils gestaffelt nach der Höhe des monatlich, wöchentlich oder auch tageweise zu leistenden Arbeitslohns, sowie nach der Anzahl der Personen, denen der Schuldner/die Schuldnerin unterhaltspflichtig ist.

Unter Arbeitseinkommen ist dabei das jeweilige Nettoeinkommen des Schuldners/der Schuldnerin zu verstehen.

Die Broschüren können beim Bundesministerium der Justiz bestellt werden oder im Internet unter

www.bmj.bund.de

Bundesministerium der Justiz

Internetredaktion des Referats Presse- und Öffentlichkeitsarbeit

Mohrenstraße 37

10117 Berlin

Telefon: 030/18 580 9030

Fax: 030/18 580 9046

E-Mail: presse@bmj.bund.de

Adressen für Schuldnerberatung und Privatinsolvenz

Schuldner-Hilfe-Ring e.V.

Bundesgeschäftsstelle

im Beraterhaus * Office-Service

Marie-Curie-Str. 6

64823 Groß-Umstadt

Telefon

06078 963215 *Telefax*

06078 963222

http://www.insopoint.de

Anwaltskanzlei und Schuldnerberatung

Rechtsanwältin Dorothee Westphal

Gertrudenstr. 1-2

18057 Rostock

Tel.: 0381/8578578

Fax: 0381/8578828

E-Mail: info@aw-insolvenz.de

http://www.aw-insolvenz.de

Was mache ich mit meinen Schulden?

Diese Frage müssen sich immer mehr überschuldete Personen und Familien stellen. Vielleicht ja auch Sie?

Wir möchten Sie ermutigen, den mühsamen, aber lohnenden Weg zur Entschuldung auf sich zu nehmen. Mit diesem Online-Angebot erhalten Sie umfangreiche Unterstützung bei den ersten wichtigen Schritten.

www.meine-schulden.de

Sparen im täglichen Leben

In punkto Zahnersatz hat die Gesundheitsreform den Patienten zum Verbraucher gemacht. Seit Anfang 2005 erhält er von der Krankenkasse nur noch die befundbezogenen Festzuschüsse und muss darüber hinausgehende Kosten selber tragen.

Immer mehr Patienten erkennen, dass sie sich als Verbraucher für Zahnersatz alternative Leistungsangebote einholen können und müssen. In dieser Situation ist es notwendig, dem Patienten das Angebot bestmöglicher und dabei kostengünstiger zahntechnischer Versorgung durch umfassende und verständliche Informationen transparent zu machen.

Wir von Mamisch Dental haben uns als Erste offensiv dem Aufklärungsbedürfnis der Patienten gestellt. Seit der Einrichtung unserer Webseite www.zahnersatzsparen.de nutzen im Schnitt 65.000 Menschen monatlich dieses Informationsangebot und fordern neben Auskünften zu Qualität und Kosten besonders häufig unsere Referenzliste an, auf der wir Zahnärzte führen, die mit Mamisch Dental Health zusammenarbeiten.

Auf dieser Liste verzeichnet zu sein, ist also ein Muss und steigert den Praxiserfolg. Die Globalisierung der Märkte und die internationale Zusammenarbeit von Experten bringen Qualitäts- und Preisvorteile, die für den Patienten hoch interessant sind. So liefern wir durch unser Labor in China erstklassige Qualität zu fast konkurrenzlosen Preisen. Wir arbeiten schnell, zuverlässig und bieten einen attraktiven Service. Der TÜV Saarland hat uns nach einer repräsentativen Kundenzufriedenheitsumfrage im Juli dieses Jahres das „Service-tested" Prüfzeichen mit der Note „gut" (1,70) verliehen.

In Zeiten fortschreitender Gesundheitsreformen ist Mamisch Dental Health ihr zuverlässiger Partner. Der Erfolg gibt uns Recht. Mit unserer ZahnersatzsparenCard bieten wir Patienten das sensationelle Angebot, für 1,- Euro pro Monat bei der Zuzahlung bis zu 94% einsparen zu können.

Mit eigenständigen Niederlassungen in Kanada, Portugal und den Niederlanden beantworten wir die wachsende Nachfrage aus dem benachbarten Ausland. Weitere Niederlassungen sind geplant. Mehr als 5.000 Zahnärzte arbeiten bereits mit uns zusammen. Tausenden von Patienten haben wir bereits zu qualitativ hochwertigem und doch kostengünstigem Zahnersatz verholfen.

http://www.zahnersatzsparen.de

MDH AG
Mamisch Dental Health
Schenkendorfstr. 29
D-45472 Mülheim/Ruhr
Germany

Stromkosten zu hoch? Vergleichen, wechseln, sparen!

Vergleichen Sie mit uns aktuell, neutral und kostenlos über 900 Stromanbieter mit 8.300 Tarifen. Der Wechsel dauert nur wenige Minuten und ist ganz einfach.

Verivox GmbH
Am Taubenfeld 10
D-69110 Heidelberg

http://www.verivox.de

Quellenverzeichnis

*Bernd Klumpp

*Bundesagentur für Arbeit

*Bundesjustizministerium

*Bundesministerium für Arbeit und Soziales

Für die Richtigkeit wird keine Hafttung übernohmen.

Stuttgart den 17.09.2008

Notizen

Notizen

Notizen